Über den Verfasser

Ferdinand Fellmann, geb. 1939, Studium der Literaturwissenschaft und Philosophie in Münster, Gießen, Pavia und Bochum. 1967 Promotion, 1973 Habilitation. Von 1980 bis 1993 Professor für Philosophie an der Westfälischen Wilhelms-Universität Münster, seit 1993 Gründungsprofessor für Philosophie und Wissenschaftstheorie an der TU Chemnitz.

Wichtigste Buchveröffentlichungen: Das Vico-Axiom: Der Mensch macht die Geschichte (1976); Phänomenologie und Expressionismus (1982); Gelebte Philosophie in Deutschland (1983); Phänomenologie als ästhetische Theorie (1989); Symbolischer Pragmatismus. Hermeneutik nach Dilthey (1991); Lebensphilosophie. Elemente einer Theorie der Selbsterfahrung (1993); (Hg.) Geschichte der Philosophie im 19. Jahrhundert (1996).

Ferdinand Fellmann

Orientierung
Philosophie

Was sie kann,
was sie will

rowohlts enzyklopädie

rowohlts enzyklopädie
Herausgegeben von Burghard König

Für Laura

Originalausgabe
Veröffentlicht im Rowohlt Taschenbuch Verlag GmbH,
Reinbek bei Hamburg, Oktober 1998
Copyright © 1998 by Rowohlt Taschenbuch Verlag GmbH,
Reinbek bei Hamburg
Umschlaggestaltung Beate Becker
(Abb.: Immanuel Kant aus «Kant-Bildnisse»;
Karl Popper, dpa Hamburg Bildarchiv)
Satz aus der Sabon und Syntax PostScript (PageOne)
Gesamtherstellung Clausen & Bosse, Leck
Printed in Germany
ISBN 3 499 55601 4

Inhalt

Welche wohl bleibt von all den Philosophien? Ich weiß nicht.
Aber die Philosophie hoff' ich soll ewig bestehn.

(Friedrich Schiller)

Vorwort

Eine «Orientierung Philosophie» ist ein gewagtes Unternehmen. Denn wer weiß schon, wohin die Reise geht? Die Vielfalt der Methoden und die Uneinigkeit darüber, was Philosophie ist – eine ironische Definition lautet: Philosophie ist ihr eigenes Problem –, lassen es ratsam erscheinen, besser von Philosophien statt von *der* Philosophie zu sprechen. Darin gleicht sie den Künsten, die man ebenfalls nur schwer auf einen gemeinsamen Nenner bringen kann. Zwar will Philosophie in der Regel eine Wissenschaft sein, es handelt sich aber um ein Wissen besonderer Art, das sich nicht allein mit der Elle des wissenschaftlichen Fortschritts messen läßt.

«Philosophie» setzt sich aus den griechischen Worten *philia*, Liebe, und *sophia*, Weisheit, zusammen. S*ophia* bedeutet ursprünglich Einsicht in den Zusammenhang aller Dinge und daraus folgend ihre richtige Bewertung für das Leben. Allerdings ist nicht zu überhören, daß das Wort «Weisheit» mittlerweile etwas veraltet klingt. Wer mag heute noch allen Ernstes jemanden «weise» nennen? Daher vermittelt die deutsche Übersetzung von griechisch *philosophia* als «Liebe zur Weisheit» keine rechte Vorstellung mehr davon, was Philosophie bedeutet. Bezeichnend für diese Lage ist, daß es einer fiktiven Mädchengestalt mit Namen «Sophie» bedurfte, deren Welt viele philosophisch interessierte Leser fasziniert, um die Weisheitsliebe zu neuem Leben zu erwecken.

Die Begeisterung eines wißbegierigen Mädchens genügt allerdings nicht, um die Frage, was Philosophie kann und will, befriedigend zu beantworten. Wendet man sich an diejenigen, die Philosophie zu ihrem Beruf gemacht haben, so erhält man erheblich zurückhaltendere Antworten. Sie sind meist von einer gewissen

Skepsis geprägt, die schon in dem berühmten Satz des Vaters der antiken Philosophie, Sokrates, zum Ausdruck kommt: «Ich weiß, daß ich nichts weiß.» Die ironische Distanz gegenüber dem eigenen Wissensanspruch, die zum Wesen der Philosophie gehört, kontrastiert mit der naiven Zuversicht, mit der sich die jugendliche Neugierde in das Bildungsabenteuer Philosophie stürzt.

Damit sind die beiden emotionalen Pole markiert, zwischen denen sich philosophisches Denken bewegt. Das breite Gefühlsspektrum und die damit verbundenen geistigen Ebenen schlagen sich auch in den Formen nieder, in denen Philosophie heute betrieben wird: an Universitäten und in Cafés, mit unterschiedlichen Themen und Texten, die von streng systematischen Abhandlungen bis zu literarischen Produktionen reichen. Bei dieser Vielfalt der Erscheinungsformen fällt die Entscheidung, was man noch als Philosophie gelten lassen soll und was nicht, gelegentlich schwer. Aber anstatt sich hier auf eine Form festzulegen, scheint es mir angemessener, alle diejenigen Formen zuzulassen, die mindestens zwei Kriterien erfüllen: Mitteilbarkeit und Überprüfbarkeit durch rationale Standards. Insofern eignet sich dieses Buch zum Kennenlernen der vielfältigen Facetten des Philosophierens, sosehr auch einige unter ihnen von meiner eigenen Überzeugung abweichen mögen. Kurz gesagt: Pluralismus prägt den Aufbau der folgenden Darlegungen.

Mögen sich die Philosophien auch beträchtlich in Form und Inhalt voneinander unterscheiden, so gibt es doch ein gemeinsames Band, das sie über die Wissenschaftlichkeit hinaus miteinander verbindet: das Verlangen des Menschen nach Klarheit über sich selbst. Dieses Verlangen verleiht den wissenschaftlichen Fragen und Antworten erst ihren spezifisch philosophischen Charakter. Selbst wenn Philosophen von so nüchternen Dingen wie «Wahrheitswerten» oder «Normenbegründung» sprechen, tun sie das letztlich doch immer im Blick auf das moralische Selbstverständnis des Menschen. Denn, wie der griechische Sophist Protagoras (ca. 480–415 v. Chr.) in seinem bekannten *homo-mensura*-Satz formuliert:

Der Mensch *(homo)* ist das Maß *(mensura)* aller Dinge, der seienden, sofern sie sind, der nichtseienden, sofern sie nicht sind. (Diels 80 B 1)

Wie ketzerisch dieser Satz in den Ohren gottgläubiger Menschen auch klingen mag, er bringt doch eine Überzeugung zum Ausdruck, die heute mehr denn je unserem Selbstwertgefühl, unserer Individualität und Personalität entspricht.

Es wäre jedoch ein Fehler, wenn man den Bezug zum Menschen mit einer Flucht in die Innerlichkeit gleichsetzen würde. Diese romantische Einstellung hat sich in der Philosophie nicht lange bewährt. Das Selbstverständnis des modernen Menschen lebt von der Auseinandersetzung mit der Dynamik der Lebensformen, die derzeit einen dramatischen Wandel durchmachen. Die Stichworte dafür lauten «Informationsgesellschaft» und «Medienzeitalter». Auch die Philosophie darf davor die Augen nicht verschließen und sich nicht auf die mittelalterliche Position einer «immerwährenden», das heißt zeitlosen Philosophie *(«philosophia perennis»)* zurückziehen. Wenn Philosophie ihre Zeit in Gedanken fassen will, muß sie das Klagen über den Verlust traditioneller Werte einstellen und durch neue Fragen Raum für zukunftsweisende Sinnbilder schaffen. Damit soll keineswegs einem blinden Fortschrittsglauben das Wort geredet werden. Es ist aber daran zu erinnern, daß erst Herkunfts- und Zukunftsorientierung zusammen das Denken mit Leben erfüllen.

Eine Einführung in die Philosophie, wenn sie sich nicht auf die Wiedergabe von bereits Gesagtem beschränken möchte, ist selbst immer schon ein Stück gelebter Philosophie. Anders als manche Autoren, die Philosophie als Selbstzweck betrachten, vertrete ich einen funktionalen Philosophiebegriff. Die Funktion der Philosophie sehe ich darin, zwischen den sich wandelnden Wertvorstellungen der Gesellschaft und dem Sinnverlangen des einzelnen («Wer bin ich?») zu vermitteln. Die Vermittlung erfolgt in Form einer Sinnklärung der geistigen Situation, in der wir leben. Sinnklärung heißt nicht «Sinngebung des Sinnlosen», sondern Aufdeckung der Wirklichkeit, die, richtig verstanden, für sich selbst spricht. Das ist

9

ein langwieriger und oft schmerzlicher Prozeß, der vom Menschen viel Energie und auch Mut fordert.

Der Mut zur Wirklichkeit macht die ethische Dimension philosophischer Reflexion aus, die über eine oberflächliche Erlebnisorientierung hinausgeht. Daher ist Philosophie immer etwas, das den ganzen Menschen prägt und deshalb nicht restlos in der Praxis eines Berufs aufgeht. Natürlich kann man Philosophie auch als Beruf betreiben, und diejenigen, die das Fach an einer Hochschule studieren, müssen die Berufsperspektive fest im Auge behalten. Aber jeder, der sich darauf einläßt, sollte wissen, daß Philosophieren etwas mit Berufung zu tun hat und nicht nur ein Job ist, den man nach Feierabend vergißt. Philosophie ist stets auch eine Lebensform, in der Theorie und Praxis sich nicht trennen lassen.

Zum Philosophieren bedarf es wie zu jeder anderen Praxis auch der Anleitung. Im Unterschied etwa zu Einführungen in mathematisch-naturwissenschaftliche Wissensgebiete gibt es für die Philosophie aber keine rein technische Methodenlehre. Denn alles, was Philosophen durch den Kopf geht, verwandelt sich in Philosophie. Daher sollte sich der Leser nicht daran stoßen, daß die Informationen in diesem Buch stets mit Reflexionen über das, was Philosophie kann und will, durchsetzt sind. Ein prominenter amerikanischer Gegenwartsphilosoph, Hilary Putnam, hat die Sonderstellung der Philosophie unter den Wissenschaften auf den Punkt gebracht:

> Die Philosophie ist kein Fach, das zum Schluß endgültige Lösungen hervorbringt, und die Feststellung, daß die neueste Ansicht – egal, ob man selbst ihr Urheber ist – das Geheimnis dennoch nicht lüftet, ist kennzeichnend für diese Arbeit, wenn sie richtig getan wird. Ich könnte hinzufügen, daß das eben als «Meinungsänderung» geschilderte Verhalten nicht auf eine «Bekehrung» von der einen zur anderen Auffassung zurückgeht, sondern dadurch zustande kommt, daß ich zwischen gegensätzlichen Ansichten über das Wesen der Philosophie selbst hin- und hergerissen bin. (Repräsentation und Realität, S. 12 f)

In ihrem Aufbau folgt die Darstellung keiner strengen Systematik, da heutzutage kein Konsens mehr darüber besteht, welche philosophischen Themen und Autoren grundlegend sind und welche dagegen eher am Rande liegen. Daher habe ich ein Vorgehen gewählt, das die Vielfalt der Wege, auf denen junge Menschen in Schule und Universität das Gebiet der Philosophie durchlaufen können, nachzeichnet. Den Anfang macht eine auf das menschliche Sinnverlangen bezogene Zweckbestimmung der Philosophie. Sie besagt, daß der Zweck der Philosophie hauptsächlich darin besteht, den Sinn des Lebens, nach dem die Menschen in ihrem Denken und Handeln zumindest indirekt suchen, ins Bewußtsein zu heben und begrifflich zu klären.

Es folgt eine Darlegung der Typen philosophischen Denkens, an der Anfänger ihre eigenen Erwartungen überprüfen können. Die Kapitel 3 und 4 enthalten eine gedrängte Übersicht über die Gebiete der Philosophie, die dem Laien wahrscheinlich einiges Kopfzerbrechen bereiten wird, da sie neben der Stoffülle auch komplizierte Gedankengänge enthält. Das läßt sich aber nicht vermeiden, wenn man einen Eindruck davon vermitteln will, wie sehr alle Themen in systematischer Hinsicht miteinander verzahnt sind und wie schwer in der Philosophie die Argumente wiegen.

Gleichsam zur Erholung bietet das 5. Kapitel ein Panorama der philosophischen Richtungen oder Gruppen an den deutschen Universitäten. Sicherlich werden nicht alle Leser an der Darstellungsweise Gefallen finden. Aber manchmal machen Karikaturen mehr sichtbar als naturgetreue Bilder. Außerdem tut den akademischen Philosophen etwas Humor gelegentlich ganz gut. Die Kapitel 6 bis 9 beleuchten das Verhältnis der Philosophie zur Geschichte und zu angrenzenden Gebieten, wie Kunst und Religion, wobei Kriterien der Abgrenzung nicht immer eindeutig zu definieren sind. Aber eine Standortbestimmung kann darauf nicht verzichten, selbst wenn hier Widerspruch zu erwarten ist. Das letzte Kapitel plädiert für einen Kurswechsel im philosophischen Denken und entwirft eine Zukunftsperspektive – ein gefährliches Unternehmen, das seine einzige Rechtfertigung wahrscheinlich in seiner Waghalsigkeit findet. Daraus mag auch für den Laien ersichtlich werden, in welch schwieriger Entwicklungsphase die Philosophie sich derzeit befindet. Mehr denn je wird heute die Sorge um das Schicksal der Philosophie selber zum Gegenstand philosophischer Reflexion. Auch diejenigen, die nach Orientierung in der Philosophie suchen, werden um die Suche nach Orientierung für die Philosophie nicht herumkommen.

Die verschiedenen Ebenen der Argumentation erfordern eine entsprechend differenzierte Ausdrucksweise. Ich habe versucht, den Fachjargon und die abstrakte Begrifflichkeit, die oft mit vermeintlicher Tiefe des philosophischen Gedankens assoziiert werden, durch eine möglichst klare Sprache zu ersetzen. Unter klarer Sprache verstehe ich allerdings nicht eine triviale Sprache. Zwar ist es richtig, daß man vieles auch einfacher sagen kann, aber die immer wieder propagierte «neue Einfachheit» darf nicht zum Selbstzweck werden. Klarheit erfordert dort, wo es um komplizierte Sachverhalte geht, spezielle Begriffe, die in der Umgangssprache nicht vorkommen. So wäre es z. B. abwegig, auf das Wort «transzendental», das seit Immanuel Kant (1724–1804) in der Philosophie geläufig ist, zu verzichten. In der Regel ergibt sich der Sinn schwieriger Begriffe aus dem Zusammenhang; wenn nötig, werden sie erläutert. Daher sollten vor allem junge Leser, die sich häufig über den Gebrauch von Fremdwörtern beklagen, sich nicht abschrecken lassen. Mit etwas Geduld werden sie nämlich erleben, daß gerade die Lektüre anspruchsvoller Texte zu einer geistigen Herausforderung werden kann, die Spaß macht.

Wer dieses Buch zur Hand nimmt, wird darin Informationen zum gegenwärtigen Stand des Philosophiestudiums an deutschen Universitäten finden, die für die Wahl des Studienorts, die Fächerkombination und den Aufbau des Studiums von praktischem Nutzen sind. Von einem Studienführer unterscheidet sich die Einführung aber dadurch, daß sie nicht auf eine Zielgruppe und eine bestimmte Institution zugeschnitten ist. Auch Schüler, Besucher von Volkshochschulen und anderen Bildungseinrichtungen sowie philosophisch interessierte Laien dürfen sich angesprochen fühlen. Sie werden aber nicht nur von außen an die Philosophie herangeführt, sondern vielmehr in den lebendigen Vollzug der Reflexion mit einbezogen. Philosophische Reflexion heißt, keinen Gedanken als selbstverständlich hinzunehmen und kein Gefühl ungeprüft zu lassen, sobald die Problemlage dies erfordert.

Wie sehr eine Gesellschaft in Zeiten der Bürokratisierung, der Manipulation und der Tyrannei der öffentlichen Meinung auf philosophische Unruhestiftung angewiesen ist, hat vor mehr als hundert Jahren schon der englische Philosoph John Stuart Mill (1806–1873) ausgesprochen:

> Daß heute so wenige wagen, exzentrisch zu sein, bezeichnet die Hauptgefahr unserer Zeit. (Über die Freiheit, S. 93)

Insofern philosophische Reflexion den Menschen existentieller berührt als das Denken vieler anderer Disziplinen, ist die Philosophie vorzüglich dazu geeignet, diese Gefahr abzuwenden. Eine Einführung in die Philosophie sollte zwar selbst nicht exzentrisch sein, muß aber einen Eindruck von der Sprengkraft der philosophischen Gedanken vermitteln, die sich von den allgemeinen Überzeugungen entfernen und verschlungene, manchmal auch gefährliche Pfade einschlagen. Anders als die exakten Wissenschaften, die auf gesicherte Ergebnisse zurückgreifen können, kommt die Philosophie niemals ans Ziel. Darin gleicht sie dem Leben: Die Reise ist das Ziel. Dieses Buch kann daher kaum mehr tun, als Wege zum Philosophieren zu ebnen, Wege, die dann jeder selbst zurücklegen muß. Allenfalls ist es einem Reiseführer vergleichbar, der bei den Teilnehmern den Enthusiasmus weckt, den sie brauchen, um die Reise ins unbekannte Land der Philosophie erfolgreich zu bestehen.

1. Faszination Philosophie: die Klärung von Sinn

Philosophie bedeutet für viele Menschen eine Erkenntnis, die über gewöhnliches Wissen hinausgeht. Zwar trauen die wenigsten den Philosophen heutzutage noch Einsicht in Sphären des Übersinnlichen zu, aber die Mehrzahl erwartet von ihnen doch eine Antwort auf die Frage nach dem Woher und Wohin allen Daseins. Die Wissenschaften, die sich darauf beschränken, die Welt zu erkennen, lassen nach gängigem Verständnis die eigentliche und letzte Frage offen, von deren Beantwortung es abhängt, ob der Mensch mit sich und der Welt ins reine kommt. «Es gibt mehr Dinge im Himmel und auf Erden, als eure Schulweisheit sich träumen läßt», dieser Satz Hamlets drückt eine Sinnerwartung aus, die mit der Empfehlung, auf wissenschaftlich unbeantwortbare Fragen zu verzichten, nicht zum Schweigen zu bringen ist.

Nun ist unbestreitbar, daß mit dem Sinnverlangen heutzutage oft verantwortungslos umgegangen wird. Philosophische Gurus versprechen Sinngebung, die sich häufig als Enttäuschung oder gar Täuschung herausstellt. Trotzdem oder gerade deswegen sollte die akademische Philosophie, die sich als objektive Wissenschaft versteht, nicht achtlos an der Sinnerwartung der Menschen vorbeigehen. Damit stehen wir vor der Frage, was hinter der Suche nach dem Sinn eigentlich steckt und wie die Philosophen damit umgehen. Vor allzu hochgesteckten Erwartungen sei von vornherein gewarnt. Aber es gibt doch gute Gründe, am Umgang mit dem Sinnbegriff zu überprüfen, was Philosophie will und kann.

Der Begriff «Sinn»

Ein kurzer Rückblick auf die Geschichte gibt darüber Aufschluß, wie sich der Sinnbegriff bis heute entwickelt hat. Die geläufige Rede vom «Sinn des Lebens» ist relativ jungen Datums. Von der Antike bis in die Neuzeit findet man nichts dergleichen. Erst in der zweiten Hälfte des 19. Jahrhunderts wird «Sinn» zum Thema der Philosophie. Das hängt wohl damit zusammen, daß zu dieser Zeit der religiöse Glaube bei den Intellektuellen an Boden verliert. In der Epoche des aufkommenden Nihilismus, in der Friedrich Nietzsche den Tod Gottes verkündet, nehmen sich die Philosophen der Sinnfrage an. Das ist allerdings nicht so zu verstehen, als sei «Sinn» ein ursprünglich religiöser Begriff, der in die Zuständigkeit der Philosophie übergeht. Vielmehr ist es so, daß der Schwund spezifisch religiöser Vorstellungen wie Erlösung und Heil «Sinn» als Ersatz hervorgebracht hat. Im Sinnbegriff verschmelzen religiöse und philosophische Bedürfnisse zu einer Denkform, die sich auch «Weltanschauung» nennt. Nicht zufällig sind Friedrich Nietzsche (1844–1900) und der Lebensphilosoph Wilhelm Dilthey (1833–1911) die beiden Denker, bei denen der Sinnbegriff seine philosophischen Weihen erhielt.

Zum Verständnis des Sinnbegriffs sind einige sachliche Erläuterungen nötig. Denn die Rede vom Sinn, nach dem die Menschen fragen und den sie ihrem Leben geben wollen, ist schon rein sprachlich alles andere als eindeutig. Mit dem Wort «Sinn» bezeichnen wir zum einen die Bedeutung einer Aussage («Wortsinn» oder «Satzsinn»), zum anderen Zweck und Ziel einer Handlung. Wenn man im Leben von «Suche nach dem Sinn» spricht, so ist das genaugenommen eine übertragene Redeweise, in der beide Bedeutungen des Wortes zusammenlaufen. «Sinn» verdichtet sich hier zu einer den konkreten Lebensvollzug begleitenden und schließlich darüber hinausführenden Bestimmung. Denn nach allgemeiner Überzeugung kann das Leben in dieser Welt mit all seinen Mühen und Enttäuschungen «doch nicht alles sein». Damit versuchen die Menschen das Gespenst des Absurden zu verjagen, das der französische Schriftsteller Albert Camus in seinem Werk «Der Mythos des Sisyphos» eindrucksvoll beschrieben hat:

> Ich weiß nicht, ob diese Welt einen Sinn hat, der über mich hinausgeht. Aber ich weiß, daß ich diesen Sinn nicht kenne und daß ich ihn zunächst unmöglich erkennen kann. Was bedeutet mir ein Sinn, der außerhalb meiner Situation liegt? Ich kann nur innerhalb menschlicher Grenzen etwas begreifen. Was ich berühre, was mir Widerstand leistet – das begreife ich. Und ich weiß außerdem: Diese beiden Gewißheiten – mein Verlangen nach Absolutem und nach Einheit und das Unvermögen, diese Welt auf ein rationales, vernunftmäßiges Prinzip zurückzuführen – kann ich nicht miteinander vereinigen. (Sisyphos, S. 47)

Die Worte von Camus lehren, daß Sinn kein Ding ist wie der Stein der Weisen, der irgendwo versteckt liegt und den man nur zu suchen braucht, um ihn zu finden. Statt von «Sinnsuche» sollte man daher besser von «Sinngebung» sprechen. Denn in allem, was Menschen denken und tun, bringen sie, oft ohne sich dessen bewußt zu sein, Sinn hervor. Sinn ist folglich eine Tätigkeit, die immer jemanden voraussetzt, der ihn in seinem Leben verwirklicht. Daher lautet die philosophische Frage: Wie muß ein Wesen beschaffen sein, das der Sinngebung notwendig bedarf und das zur Klärung von Sinn fähig ist?

Die Frage nach dem Menschen

Die Frage führt auf das Gebiet der Lehre vom Menschen, der philosophischen Anthropologie. Im Unterschied zur naturwissenschaftlichen Betrachtung begreift die philosophische Anthropologie den Menschen als Wesen, das Bewußtsein besitzt und zur Selbstreflexion in der Lage ist. Was bedeutet das für die Sinnfrage? Auch darüber gibt Camus in seinem Versuch über das Absurde Auskunft:

> Wenn ich Baum unter den Bäumen wäre, Katze unter den Tieren, dann hätte dieses Leben einen Sinn oder vielmehr: dieses Problem bestünde überhaupt nicht, denn dann wäre ich ein Teil dieser Welt. Ich wäre diese

Welt, zu der ich mich jetzt mit meinem ganzen Bewußtsein und mit meinem ganzen Anspruch auf Vertrautheit in Gegensatz befinde. Eben diese so höhnische Vernunft setzt mich in Widerspruch zur ganzen Schöpfung. Ich kann sie nicht mit einem Federstrich abtun. Was ich für wahr halte, daran muß ich also festhalten. Was mir so unabweisbar erscheint, darauf muß ich bestehen, auch wenn es sich gegen mich richtet. Und worauf beruht denn dieser Konflikt, dieser Bruch zwischen der Welt und meinem Geist, wenn nicht auf dem Bewußtsein, das ich von ihm habe? (Sisyphos, S. 47)

Das hier dargestellte Problem läßt erkennen, wieviel Camus den Philosophen seiner Zeit verdankt. Insbesondere dem Begründer der Phänomenologie, Edmund Husserl (1859–1938), der Bewußtsein als «Paradoxie der menschlichen Subjektivität» bezeichnet. Diese sieht er darin, daß der Mensch als erkennender Geist der Welt gegenübersteht, ihr als körperliches Wesen aber zugehört. Die Doppelstellung bringt eine Spannung in das menschliche Bewußtsein, wie sie Camus als rational unlösbaren Konflikt beschreibt. Noch breiter hat diese Thematik Husserls berühmter Schüler Martin Heidegger (1889–1976) in seinem Werk «Sein und Zeit» (1927) entfaltet. Hier wird der Mensch als dasjenige Seiende definiert, dem es «in seinem Sein um dieses Sein selbst geht» (S. 12). Obwohl Heidegger sich gegen die Bezeichnung seiner Lehre als Anthropologie wehrt (er möchte sein Buch lieber als Ontologie, als Lehre vom Sein, verstanden wissen), bringt seine Definition des Menschen den Grundgedanken der philosophischen Anthropologie auf den Punkt. Was in Heideggers Definition steckt, soll im folgenden dargelegt werden, soweit es für den philosophischen Sinnbegriff von Bedeutung ist.

Die philosophische Tradition kennt zahlreiche Definitionen des Menschen. Die bekannteste, aus der Antike stammende lautet: Der Mensch ist ein vernünftiges Tier *(animal rationale)*. Damit ist sicherlich Entscheidendes über den Menschen gesagt, aber für unsere Zwecke reicht das nicht aus. Wir wollen wissen, worin das Sinnbedürfnis begründet ist, und schließlich, was mit der Sinnfrage eigentlich gemeint ist. Hier hilft eine andere Bestimmung des Menschen weiter. Die Vernunft, die den Menschen vom Tier unterscheidet, hat den Charakter des Selbstbewußtseins. Philosophisch heißt Selbstbewußtsein die Fähigkeit des Menschen, «ich» von sich zu sagen, eine Fähigkeit, die den Tieren fehlt. Das Selbstbewußtsein unterscheidet sich vom Wissen über die Welt dadurch, daß es keiner Täuschung unterliegt. Der Vater der neuzeitlichen Philosophie, René Descartes (1596–1650), hat die Sonderstellung des Selbstbewußtseins auf die bekannte Formel gebracht: «Ich denke, also bin ich» *(cogito, ergo sum)*. Sie beinhaltet nicht mehr und nicht weniger als die schlichte Tatsache, daß jeder sich als ein Ich erfährt, das sich niemals mit einem anderen Ich verwechselt. Selbst wenn ich nach dem Muster von Franz Kafkas Erzählung, «Die Verwandlung», morgens als Käfer aufwachen sollte, so wäre ich es doch und kein anderer, der diese unangenehme Erfahrung macht.

Das Selbstbewußtsein erschöpft sich aber nicht im bloßen Selbstgefühl. Zu ihm gehören ferner die Eigenschaften, die sich der einzelne zuschreibt. Ich weiß, wie ich heiße, wo ich geboren bin usw., kenne also die Daten, die meine individuelle Lebensgeschichte ausmachen. Dazu kommen allgemeine Fakten, die jedem aus der Erfahrung oder aus den Wissenschaften bekannt sind. Sie umfassen das Wissen über den menschlichen Körper sowie über Verhaltensweisen von Menschen. In der Anwendung dieses Wissens auf sich selbst ist der einzelne allerdings höchst anfällig für Täuschungen. Wir halten uns häufiger für etwas anderes, als wir in Wirklichkeit sind. Aber wer von uns weiß schon genau, so könnte man fragen, wer er in Wirklichkeit ist? Dieser berechtigte Zweifel führt zu einem überraschenden Schluß: Die Struktur des Selbstbewußtseins verbietet es, dem Menschen ein eindeutiges Sein in der Weise zuzusprechen, wie es bei Gegenständen und auch bei Tieren selbstverständlich ist. Das steckt in Heideggers Formel von der Selbstbezüglichkeit des menschlichen Seins.

In einer Darstellung der «Philosophischen Anthropologie» von Michael Landmann findet die Abhängigkeit des menschlichen Seins vom Bewußtsein eine prägnante Zusammenfassung:

Daß der Mensch nicht nur, wie anderes Seiendes, einfach ist, sondern nach sich selbst fragt und sich selbst deutet, daß der Anthropos einen Anthropologen einschließt, das ist nicht theoretische Spielerei, die auch fehlen könnte; es entspringt der Notwendigkeit desjenigen Wesens, das sich selbst schaffen muß und das daher eines Bildes bedarf, auf das hin es sich schaffen soll. Beides greift ineinander. Die Unvollendetheit des Menschen ist es, die als Ausgleich das Selbstverständnis hervortreibt, das ihm sagt, wie er sich vollenden kann. Die Interpretation steht nicht losgelöst neben einer unwandelbaren Wirklichkeit, sondern greift formend in das ein, wovon sie gleichwohl nur die Interpretation sein will. (Philosophische Anthropologie, S. 10)

Die geistige Selbstschöpfung des Menschen, wie sie von der philosophischen Anthropologie verstanden wird, vollzieht sich als komplexer und weitgehend unbewußt verlaufender Prozeß der Ausbildung von Selbstbildern. Das ist in der Regel kein rein individueller Vorgang, sondern wird durch epochale Menschenbilder und damit verbundene Weltbilder gesteuert. Das Menschenbild der Renaissance beispielsweise, das sich deutlich von dem des Mittelalters abhebt, wird erst verständlich, wenn man berücksichtigt, daß die Kosmologie jener Zeit den Menschen zum Teilhaber am Entwicklungsprozeß des unendlichen Universums macht. Die Menschen gewinnen ihre Selbstbilder demnach aus dem Wissen, mit dessen Hilfe sie sich in der Welt behaupten. Die Wissensformen sind nämlich mehr als bloße Instrumente der Weltbewältigung, sie sind zugleich ein Spiegel, an dem der menschliche Geist sein Verhältnis zur Welt und zu sich selbst ablesen kann. In diesem Sinn hat der Philosoph Ernst Cassirer (1874–1945) die menschlichen Wissenssysteme als «symbolische Formen» bezeichnet und den Menschen selbst ein symbolisches Tier, ein *animal symbolicum*, genannt. Gegenüber der klassischen Definition des Menschen, von der wir ausgegangen sind, ist das ein gewaltiger Fortschritt.

Sinnbilder und Sinnklärung

Mit diesen Überlegungen zur philosophischen Anthropologie haben wir den Punkt erreicht, an dem der Sinnbegriff philosophisch geklärt werden kann. «Sinn» bedeutet demnach nichts anderes als Bilder, an denen der Mensch sich in seinem Selbstverständnis orientiert. Nur in pathologischen Fällen werden die Sinnbilder zu phantastischen Projektionen, im Normalfall sind es Resultate der Bemühungen des menschlichen Geistes, den Bruch zwischen Welt und Mensch, der erst durch das Bewußtsein entstanden ist, zu überbrücken. Existentialistisch ausgedrückt könnte man sagen, daß der Mensch durch sein Bewußtsein gleichsam dazu verdammt ist, ständig Sinnbilder zu produzieren, um dem Wahnsinn seiner gespaltenen Existenz zu entgehen.

Die Klärung von Sinn, die der Philosophie zur Aufgabe gemacht wird, beschränkt sich nicht auf Begriffsklärung, wie sie in allen Wissenschaften üblich ist. Auch Ludwig Wittgensteins (1889 bis 1951) bekannte Formulierung, der zufolge der Zweck der Philosophie «die logische Klärung des Gedankens» ist, bringt das spezifisch Philosophische nicht deutlich genug zum Ausdruck. Sinnklärung beinhaltet einen Reflexionsprozeß, der auf die subjektive Seite der Vorstellungen abzielt. Daraus folgt allerdings nicht notwendig, daß Sinnklärung ein psychologischer oder gar psychoanalytischer Vorgang ist. Philosophische Sinnklärung hält sich an die Form der Vorstellungen, faßt diese aber als symbolische Form auf. Symbolische Formen schließen auch den Gebrauch von bildlichen Ausdrücken und nicht-argumentativen Diskursen wie beispielsweise das Erzählen von Geschichten ein. Spezifisch für die philosophische Sinnklärung ist ferner, daß sie nicht im rein theoretischen Bereich verbleibt, sondern emotionale Zustimmung und Handlungsbereitschaft impliziert.

Zwar ist uns die aus den Worten von Camus sprechende existentielle Dramatik der Sinnsuche heute ziemlich fremd geworden, aber Sinnklärung bleibt ein besonderer Vorgang, der in das praktische Leben eingreift. Eine eindrucksvolle Schilderung dieses

Vorgangs hat vor fast zweihundert Jahren schon der Lebensphilosoph Arthur Schopenhauer (1788–1866) gegeben. Er schreibt dem Menschen ein Doppelleben zu, das ihn auch außerhalb der wissenschaftlichen Laufbahn zum Philosophen macht:

> Daher ist es beachtenswert, ja wunderbar, wie der Mensch neben seinem Leben *in concreto* immer noch ein zweites *in abstracto* führt. Im ersten ist er allen Stürmen der Wirklichkeit und dem Einfluß der Gegenwart preisgegeben, muß streben, leiden, sterben wie das Tier. Sein Leben *in abstracto* aber, wie es vor seinem vernünftigen Besinnen steht, ist die stille Abspiegelung des ersten und der Welt, worin er lebt, ist jener eben erwähnte verkleinerte Grundriß. Hier im Gebiet der ruhigen Überlegung erscheint ihm kalt, farblos und für den Augenblick fremd, was ihn dort ganz besitzt und heftig bewegt: hier ist er bloßer Zuschauer und Beobachter. In diesem Zurückziehen in die Reflexion gleicht er einem Schauspieler, der seine Szene gespielt, und bis er wieder auftreten muß, unter den Zuschauern seinen Platz nimmt, von wo aus er, was immer auch vorgehen möge, und wäre es die Vorbereitung zu seinem Tode (im Stück), gelassen ansieht, darauf aber wieder hingeht und leidet, wie er muß. (Die Welt als Wille und Vorstellung I, S. 139)

Was Schopenhauer hier als Gelassenheit bezeichnet, wird von der wissenschaftlichen Philosophie heute wie auch damals zu einem methodisch geregelten Verfahren ausgebildet. Insofern besteht nur ein professioneller, aber kein prinzipieller Unterschied zwischen dem Denken der ‹normalen› Menschen und der Philosophen. Damit verwandelt sich «Sinn» aus einem weltanschaulichen in einen operativen Begriff, wie er umgangssprachlich in der Eindeutschung von amerikanisch «that makes (no) sense» in «das macht (keinen) Sinn» gebräuchlich geworden ist. Sinn «macht» für uns das, was wir nachvollziehen können, weil es den elementaren Regeln des Denkens und Handelns entspricht. So verstanden, nähert sich «Sinn» dem alten moralphilosophischen Begriff des Gemeinsinns, des *sensus communis*, der in der spätantiken Lebensphilosophie und zur Zeit der Aufklärung als Maßstab philosophischer Lebensweise galt.

Sicherlich geben sich diejenigen Philosophen, die mit Heidegger vom «Sinn von Sein» sprechen und diesen ausdrücklich vom Vollzug des alltäglichen Daseins abheben, mit dem pragmatischen Sinnbegriff nicht zufrieden. Philosophischer Sinn, so lautet eine hochgesteckte Forderung, muß mehr beinhalten als Bilder, nach denen sich die Menschen im praktischen Leben richten. Aber, so kann man zurückfragen, worin soll dieser Mehrwert von Sinn eigentlich liegen? Philosophen können den Sinn des Lebens nicht frei erfinden, geschweige denn begründen. Sie können nur bewußtmachen, was die Menschen im normalen Leben immer schon unbewußt vollziehen. Das Bewußtmachen besteht darin, daß die Sinnbilder, an denen die Hoffnungen und Ängste der Menschen hängen, einer rationalen Kontrolle unterzogen werden, damit der Mensch nicht Opfer seiner eigenen Entwürfe wird. In ideologiekritischer Ausdrucksweise könnte man sagen, daß die Menschen dazu neigen, Opfer ihrer eigenen Propaganda zu werden. Damit der menschliche Geist trotz des ihm eigenen Hangs zum Fabulieren sich nicht in den Netzen der von ihm selbst erzeugten Bilder verstrickt, darf die philosophische Sinnklärung nie aufhören.

Der Prozeß der Sinnklärung fällt dem Menschen allerdings nicht leicht. Denn die Bilder, die das Selbstverständnis des Menschen prägen, besitzen großes Beharrungsvermögen. Philosophische Sinnklärung muß daher mit beträchtlichen Widerständen rechnen. Die Überwindung der Widerstände gelingt nur, wenn die Philosophie deutlich machen kann, daß die Sinnbilder einer Zeit nicht mehr dem Orientierungsbedürfnis entsprechen. Philosophische Klärung von Sinn besteht demnach in einer Auflockerung vorhandener Bilder, um Platz für neue, der Situation angemessenere Sinnbilder zu schaffen, die aber bereits im Hintergrund vorhanden sein müssen. Diesen Prozeß kann man auch als Verwandlung des Wirklichkeitssinns in «Möglichkeitssinn» bezeichnen, wenn man darunter mit Robert Musil «einen Sinn für die mögliche Wirklichkeit» versteht. Um die Wirklichkeit als Aufgabe und Erfindung zu behandeln, reicht es nicht, sich mit den kleinen Schritten innerhalb unseres Lebens abzufinden, wie die neuerdings modisch gewordene Alltagsphilosophie empfiehlt. Es bedarf nach wie vor einer Reflexion auf das Ganze des Lebens. Diese erfordert Distanz gegenüber der alltäglichen Praxis, die allerdings nie so groß werden darf, daß der Philosoph das Leben aus den Augen verliert.

Nach diesem für den ahnungslosen Anfänger sicherlich beschwerlichen Ausflug durch das Land der philosophischen Anthropologie läßt sich eine erste Standortbestimmung der modernen Philosophie versuchen. Als Klärung von Sinn ist Philosophie mit dem menschlichen Selbstbewußtsein untrennbar verbunden. Dadurch unterscheidet sich die Philosophie von der Theologie, die es mit Gott, der über der Welt steht, zu tun hat. Wer Sinn mit Gott, und sei es nur unter dem Namen «Sein», verwechselt, läuft Gefahr, die philosophische Reflexion selbst zu verdinglichen und bei dogmatischen Aussagen zu enden. Die hier vorgestellte funktionale Auffassung von Philosophie will dieser Gefahr vorbeugen. Das heißt allerdings nicht, daß mit dem philosophischen Sinnbegriff alle Probleme verschwinden. Im Gegenteil, wenn Sinn nicht außerhalb der Welt zu finden ist, sondern in Sinnbildern lebt, nach denen die Menschen ihr Selbstverständnis einrichten, dann erhebt sich die Frage, welchen Anhaltspunkt die philosophische Reflexion hat, um hinter die Bilder zu kommen. Denn wo die Reflexion ein Bild auflöst, tritt ein anderes an seine Stelle, so daß es die philosophische Sinnklärung immer nur mit Bildern über Bilder zu tun hat. Philosophie befindet sich demnach in einer Situation, die derjenigen vergleichbar ist, vor der Münchhausen stand, als er das Kunststück fertigbrachte, sich am eigenen Schopf aus dem Sumpf zu ziehen. Mit dem Sumpf ist hier das normale Chaos des Lebens gemeint, mit dessen Beschreibung die Philosophie sich allerdings nicht begnügen kann. Sie muß vielmehr aus der Beschreibung die Maßstäbe gewinnen, nach denen sie die Bilder des Selbst- und Weltverständnisses beurteilt. Was kann Philosophie, die nicht Theologie werden will, in dieser Situation tun?

Hermeneutische Philosophie

Die Antwort läßt sich an der Richtung ablesen, die das Philosophieren in unserem Jahrhundert eingeschlagen hat. Das Stichwort dafür lautet: «hermeneutisch». Die Bezeichnung «hermeneutisch» bzw. «Hermeneutik» mag für den Anfänger nicht sehr erhellend sein. Manche assoziieren «hermeneutisch» mit «hermetisch» und vermuten dahinter so etwas wie eine Geheimlehre. Dazu trägt nicht zuletzt die in der philosophischen Hermeneutik geläufige Rede vom «hermeneutischen Zirkel» bei, an dem sich die Phantasie des Laien entzünden kann. Der Begriff meint aber nichts anderes als den im Sprachverstehen geläufigen Tatbestand, daß man einen Satz nur aus den Worten und diese wiederum nur aus dem ganzen Satz verstehen kann. Besonders bei poetischen Aussagen wird deutlich, wie der Prozeß des Verstehens vom Teil zum Ganzen hin- und herwandert und somit sprachlogisch einen Zirkel beschreibt. Obwohl manche Richtungen der Hermeneutik dazu neigen, den hermeneutischen Zirkel zu mystifizieren, wollen wir uns dadurch nicht davon abbringen lassen, der Hermeneutik die Rolle zuzuerkennen, die ihr in der Philosophie als Sinnklärung zukommt. Eine kurze begriffsgeschichtliche Erläuterung soll dabei weiterhelfen.

«Hermeneutik» (von Hermes, der Götterbote) bezeichnet ursprünglich die Kunst, die für den Menschen unverständlichen Worte Gottes auszulegen, die in heiligen Texten geschrieben stehen. Die Auslegung ist das Amt der Theologen, die dabei als Vermittler zwischen Gott und den Menschen fungieren. Der in der Theologie beheimatete Begriff wurde erst relativ spät auf die Auslegung profaner, insbesondere dichterischer Texte ausgedehnt. Die Philologen, die zunächst damit beschäftigt waren, beschädigte Texte des Altertums wiederherzustellen und zu kommentieren, gingen spätestens in der Romantik dazu über, Texte nach ihrem Sinn auszulegen und zu interpretieren. Der protestantische Theologe Friedrich Schleiermacher (1768–1834) hat als erster im deutschen Sprachraum die Hermeneutik zur allgemeinen Kunstlehre der Textauslegung erhoben. Im Anschluß daran hat Wilhelm Dilthey die Textauslegung zur Methode der Geisteswissenschaften ausgebaut. Alles Verstehen besteht Dilthey zufolge darin, zwischen dem Ausdruck des Sprechenden und dem Erleben des Verstehenden eine Verbindung herzustellen. Dadurch wird «Sinn» zu einer Kategorie des Bewußtseins, die sich psychologisch beschreiben läßt. Die Einheit von Sinn und Bewußtsein hat dann Martin Heidegger zum Anlaß genommen, Verstehen als elementare Form des menschlichen Weltbezugs auszuarbeiten. Damit wird der Hermeneutik das Dasein als Themenbereich zugeordnet, was zur ontologischen «Frage nach dem Sinn von Sein» führt. Schließlich ist Heideggers Schüler Hans-Georg Gadamer in seinem Buch «Wahrheit und Methode» (1960) so weit gegangen, für die Hermeneutik den Status einer universalen Erkenntnisform in der Philosophie zu beanspruchen. Den «hermeneutischen Zirkel», der das Auslegen von Texten leitet, beschreibt Gadamer so:

> Die Antizipation von Sinn, die unser Verständnis eines Textes leitet, ist nicht eine Handlung der Subjektivität, sondern bestimmt sich aus der Gemeinsamkeit, die uns mit der Überlieferung verbindet. Diese Gemeinsamkeit aber ist in unserem Verhältnis zur Überlieferung in beständiger Bildung begriffen. Sie ist nicht einfach eine Voraussetzung, unter der wir schon immer stehen, sondern wir erstellen sie selbst, sofern wir verstehen, am Überlieferungsgeschehen teilhaben und es dadurch selber weiter bestimmen. Der Zirkel des Verstehens ist also überhaupt nicht ein ‹methodischer› Zirkel, sondern beschreibt ein ontologisches Strukturmoment des Verstehens. (Wahrheit und Methode, S. 277)

Die in diesem Textabschnitt formulierte Gegenüberstellung von «methodisch» und «ontologisch» soll hier nicht weiter kommentiert werden. Sie ist Gegenstand einer langen und kontroversen Diskussion, die immer noch andauert. Nur soviel dürfte feststehen: Der Ausschluß des Methodischen aus dem Verstehensbegriff, den Gadamer bis zur Opposition von Wahrheit und Methode steigert, läßt sich kaum aufrechterhalten. Das schmälert aber die ursprüngliche Einsicht Gadamers nicht, daß die Hermeneutik mit der modernen Philosophie universal geworden ist. Der Universalitätsanspruch besagt, daß alle philosophischen Strömungen der Gegenwart nach einem neuen Rationalitätsstandard zu bemessen sind, der durch die Begriffe «Sinn» und «Sinnverstehen» festgelegt ist. Das gilt selbst für die sprachanalytische Philosophie, auch wenn das in ihren formalistischen Methoden nicht immer sofort zutage tritt. Aber schon der Begriff «analytisch» läßt erkennen, daß es nicht mehr um die Erklärung der Welt aus einem Prinzip geht, sondern um die Klärung von Sinnzusammenhängen durch Formulierung von Regeln, nach denen sich Sinn im Rahmen der symbolischen Welterzeugung bildet.

Die Entwicklung bleibt keineswegs auf Deutschland beschränkt. Auch in der Philosophie der Vereinigten Staaten hat sich seit den achtziger Jahren eine hermeneutische Wende vollzogen. Sie äußert sich im Bemühen bedeutender moralphilosophischer und gesellschaftskritischer Philosophen, die menschliche Wirklichkeit von innen heraus durch Sinnklärung ihrer Lebensformen und Leitbilder zu verstehen und, wo möglich, zu reformieren. Dafür steht vor allem der Philosoph Richard Rorty, der den hermeneutischen Ansatz mit dem Pragmatismus verbindet. Das ist nur scheinbar eine ungleiche Verbindung. Denn die pragmatische Methode der Begriffsklärung durch Folgenabschätzung enthält subjektive Überzeugungen des Menschen. Natürlich tritt das nicht an jedem einzelnen Begriff zutage, wohl aber, wenn man Gedankensysteme in ihrer Gesamtheit betrachtet. Diese fungieren immer auch als Sinnbilder des Selbstverständnisses, als «Daseinsmetaphern», um einen Begriff des Philosophen Hans Blumenberg (1920–1996) zu gebrauchen.

Die hermeneutische Wende, welche die Philosophie in unserer Zeit genommen hat, steht für den Abschied von allen Versuchen, mit Hilfe philosophischer Begriffe Ursprung und Ziel der Welt zu bestimmen. Das bedeutet aber keineswegs Verzicht auf Fragen, die über empirisches Wissen hinausgehen. Wo man nichts wissen kann, darf man über den Sinn der Erscheinungen sehr wohl nachdenken. Die Metaphysik Platons, die über das Wahre, Gute und Schöne spricht, als wären es Gegenstände der Erkenntnis, gehört der Vergangenheit an. Das metaphysische Fragen aber lebt weiter im Bemühen um Sinnklärung, die objektives Wissen mit subjektiven Überzeugungen in Einklang bringt. Diese mit dem menschlichen Bewußtsein notwendig verbundene Suche nach Selbstbildern macht Philosophie zur hermeneutischen Wissenschaft.

Die hermeneutische Auffassung von Philosophie als Sinnklärung hat sich erst in jüngster Zeit durchgesetzt, ist aber schon zu Beginn des 19. Jahrhunderts von Arthur Schopenhauer zum Programm gemacht worden. Im Unterschied zur Metaphysik, die in der Antike auch «Erste Philosophie» genannt wird, bezeichnet er die Klärung von Sinnzusammenhängen als «Epiphilosophie». Ebenso wie in der antiken Mythologie Prometheus, der «Vorausdenkende», von seinem Bruder Epimetheus, dem «Nachdenkenden», begleitet wird, sieht Schopenhauer in der Auslegung der Welt eine notwendige Ergänzung und Korrektur überzogener Absolutheitsansprüche der menschlichen Vernunft. Von der Epiphilosophie zeichnet er folgendes Bild:

> Dieselbe maßt sich nicht an, das Dasein der Welt aus seinen letzten Gründen zu erklären: vielmehr bleibt sie bei dem Tatsächlichen der äußeren und inneren Erfahrung, wie sie jedem zugänglich ist, stehen und weist den wahren und tiefsten Zusammenhang derselben nach, ohne jedoch eigentlich darüber hinauszugehen zu irgend außerweltlichen Dingen und deren Verhältnissen zur Welt. Sie macht demnach keine Schlüsse auf das jenseits aller möglichen Erfahrung Vorhandene, sondern liefert bloß die Auslegung des in der Außenwelt und im Selbstbewußtsein Gegebenen, begnügt sich also damit, das Wesen der Welt, seinem innern Zusammenhange mit sich selbst nach, zu begreifen. Sie ist folglich immanent im Kantischen Sinne des Wortes. Eben deshalb aber läßt sie noch viele Fragen übrig. Nämlich warum das tatsächlich Nachgewiesene so und nicht anders sei, usw. (Die Welt als Wille und Vorstellung II, S. 1455)

Der hier vertretene Standpunkt der Immanenz, das Bemühen, den Sinn der Welt aus ihr selbst zu gewinnen, deckt sich mit den Beobachtungen der philosophischen Anthropologie. Dazu soll abschließend ein Denker zu Wort kommen, der die dargestellten bewußtseinstheoretischen Analysen aus biologischer Sicht ergänzt: Arnold Gehlen (1904–1976). Die Eingangspassage seines Hauptwerks, «Der Mensch», lautet:

Das von nachdenkenden Menschen empfundene Bedürfnis nach einer Deutung des eigenen menschlichen Daseins ist kein bloß theoretisches Bedürfnis. Je nach den Entscheidungen, die eine solche Deutung enthält, werden Aufgaben sichtbar oder verdeckt. Ob sich der Mensch als Geschöpf Gottes versteht oder als arrivierten Affen, wird einen deutlichen Unterschied in seinem Verhalten zu wirklichen Tatsachen machen; man wird in beiden Fällen auch in sich sehr verschiedene Befehle hören. (Der Mensch, S. 9)

Hier formuliert Gehlen anhand plastischer Beispiele, wie Theorien als Sinnbilder wirken, die den Menschen in seinem Selbstverständnis leiten. Das ist eine Einsicht, die im Grunde schon Platon (428–348 v. Chr.) in seiner Ideenlehre entwickelt hat. Denn Platons Ideen sind mehr als nur theoretische Begriffe, sie haben nämlich zugleich die Bedeutung moralischer Werte. Der Unterschied zu Platon liegt darin, daß Gehlen die Sinnbilder menschlicher Existenz nicht mehr als ewige und außerhalb der Welt existierende Urbilder auffaßt, sondern als Verhaltensmuster, die aus wissenschaftlichen Erkenntnissen resultieren und sich mit diesen verändern. Daher besteht die Aufgabe der hermeneutischen Philosophie darin, die symbolische Funktion der menschlichen Wissenssysteme zu analysieren, ins Bewußtsein zu heben und die Folgen zu prüfen, die sich daraus für das menschliche Selbstwertgefühl ergeben.

Damit wollen wir die Überlegungen zum Thema Philosophie als Sinnklärung beenden. Nur eine Bemerkung zur Ermutigung der Anfänger sei noch gestattet. Der offene und niemals zu abschließenden Ergebnissen gelangende Prozeß der Sinnklärung, der Philosophie zur hermeneutischen Wissenschaft macht, bringt trotz oder gerade wegen seiner Schwierigkeiten intensive Denkerfahrungen mit sich, wie sie in anderen Disziplinen nur selten anzutreffen sind. Das sei all denjenigen gesagt, die Angst vor dem Einstieg in die Philosophie bekommen, weil sie sich diese Disziplin nicht als derart methodisch geregelten Umgang mit abstrakten Begriffen und ungewohnten Gedanken vorgestellt haben. Aber der Schein trügt! Wer nur ein wenig Ausdauer mitbringt, um die Anfangsschwierigkeiten zu überwinden, der wird bald die Erfahrung machen, daß Philosophieren ein Bewußtseinszustand ist, auf den all diejenigen, die ihn einmal erlebt haben, trotz aller Angespanntheit des Denkens nicht mehr verzichten möchten. Denn die Sinnklärung und das intensive Bewußtsein davon können eine intellektuelle Lust erzeugen, die den sinnlichen Freuden weit überlegen ist. Das hat schon Goethe ausgesprochen: «Sinn ist mehr als Glück». Das Mehr liegt in der Nachhaltigkeit der Faszination, die den Menschen erfaßt, wo er sich in seinen Gedanken selbst begegnet.

2. Motive und Typen philosophischen Denkens

Die Sinnsuche, die Menschen zur Philosophie treibt, steht heute unter einem anderen Stern als früher. Die Zeiten sind vorüber, in denen das Staunen den Anfang der Philosophie machte. Zwar berufen sich Naturwissenschaftler in Stunden der Besinnung noch gern darauf, daß sie das Staunen nicht verlernt hätten. Man sollte dabei allerdings nicht vergessen, unter welchen Voraussetzungen das Staunen in der Antike zum Motiv wurde. Staunen war angebracht, solange der Mensch sich von einem unberührbaren Himmelsgewölbe umgeben sah. Das entspricht dem antiken Ideal der *theoria*, der Schau von «Ideen», die vom griechischen Menschen als moralische Forderungen erlebt wurden. Im Mittelalter verband sich das kosmologische Denken mit dem christlichen Schöpfungsglauben, so daß das Erhabene der Himmelsordnung die Demut der Gläubigen verlangte. Wenn Kant vom «gestirnten Himmel über mir» und dem «Sittengesetz in mir» als den beiden Leitbildern philosophischen Lebens spricht, knüpft er an diese Tradition an.

Vom Staunen zur Verwunderung

Nun ist kaum zu übersehen, daß diese erhabenen Bilder ihre Überzeugungskraft weitgehend eingebüßt haben. In dem Maße, wie der neuzeitliche Mensch durch Wissenschaft und Technik die Natur beherrscht, schwindet der Kosmos als Sinnbild des Daseins. Die kopernikanische Entdeckung, daß die Erde nicht im Mittelpunkt der Welt steht, sondern sich um die Sonne dreht, hat dem Anblick des Himmels viel von seiner Erhabenheit geraubt. Wenn überhaupt, so blickt der Mensch in einen rätselhaften unendlichen Raum, in dem er eine exzentrische Stellung einnimmt. Bei Nietzsche kann man den Satz lesen: «Seit Kopernikus rollt der Mensch ins Nichts». Mit Charles Darwins (1809–1882) Entdeckung des Mechanismus der Evolution wird die Entfremdung des Menschen auch auf die Lebenswelt ausgedehnt. Die Natur, die von den Romantikern um 1800 noch als bergender Mutterschoß erlebt wurde, bekommt um 1900 für den einzelnen höchst bedrohliche Züge. Wenn die Natur das Individuum für die Erhaltung der Art opfert, wird das Leben für den Menschen zum Rätsel. Wilhelm Dilthey hat diesen Sachverhalt prägnant zum Ausdruck gebracht:

> Der Mittelpunkt aller Unverständlichkeiten sind Zeugung, Geburt, Entwicklung und Tod. Der Lebendige weiß vom Tod und kann ihn doch nicht verstehen. Vom ersten Blick auf einen Toten ab ist dem Leben der Tod unfaßlich, und hierauf beruht zu allernächst unsere Stellung zur Welt als zu etwas anderem, Fremdartigem und Furchtbarem. (Die Typen der Weltanschauung, GS VIII, S. 80 f)

Die Erfahrung der Fremdheit erzeugt ein neues Motiv philosophischer Reflexion: die Angst, die schon von der antiken Aufklärung als Motiv für die Entstehung der Götter genannt wurde. Die moderne Weltangst weist der Philosophie allerdings eine andere Aufgabe zu als die Antike. Es geht darum, die Menschen vor existentieller Verzweiflung zu bewahren und ihnen Hoffnung zu geben. Freilich steht das «Prinzip Hoffnung» (Ernst Bloch) in der Philosophie immer auf schwachen Füßen, da Hoffnungen im Leben enttäuscht werden können. Trotzdem ist das Prinzip Hoffnung bis heute nicht ganz aus der Philosophie verschwunden.

Heutzutage hat sich der Akzent gegenüber der existenzphilosophischen Motivation noch einmal verlagert. Was die Menschen derzeit zu philosophischer Reflexion treibt, sind weder der Anblick des Himmels noch die Rätsel des Lebens. Es drängt sich vielmehr ein anderer Bereich in den Vordergrund, nämlich die von den Menschen gestaltete gesellschaftliche Wirklichkeit. Zu dieser gehört die Philosophie selbst, so wie sie in der öffentlichen Meinung präsent ist. Dabei lassen sich zwei einander gegenüberstehende Einstellungen unterscheiden. Die eine ist vorwiegend affirmativ und besteht in der erlebnisorientierten Teilnahme am Zeitgeist. Die andere zweifelt an der Authentizität der Trends und begreift Philosophie als Kritik der gesellschaftlichen Wirklichkeit. Der Unterschied liegt also nicht so sehr darin, ob die Welt an sich gut oder schlecht ist, sondern vielmehr darin, ob man sich mit den gängigen philosophischen Deutungen und Diskursen identifiziert oder auf Distanz geht. Letzteres öffnet den Blick für die strukturelle Gewalt, die heute das gesellschaftliche Leben beherrscht. Der Geist verfängt sich in den von ihm selbst geschaffenen ökonomischen und politischen Strukturen, die auf dem besten Weg sind, den Menschen überflüssig zu machen. Was Friedrich Hegel (1770–1831) noch positiv als «List der Vernunft» bewerten konnte, nämlich daß die Folgen des Handelns die Absichten an Klugheit übertreffen, scheint heute ins Gegenteil verkehrt zu sein.

So in etwa ließe sich die geistige Lage an der Schwelle zum dritten Jahrtausend beschreiben, in der die Motivation zur Philosophie eine neue Gestalt annimmt. Wo die Wahrheit aufhört, eine absolute Größe zu sein, und viele Wahrheitstheorien einander widerstreiten, ist Staunen keine angemessene Haltung mehr. Das Staunen über die Ordnung des Kosmos weicht der Verwunderung über die Unordnung der von Menschen organisierten Welt. Daraus entspringt der Wunsch, wenigstens Klarheit über die Gewalt der Strukturen zu gewinnen, wenn schon nichts daran zu ändern ist. Die staunende Begeisterung für das Wahre, Gute und Schöne hat der Nüchternheit Platz gemacht und dazu geführt, Philosophie als Entschlossenheit zu erleben, sich nichts vormachen zu lassen. Nüchternheit gibt den Menschen das Selbstvertrauen, das sie brauchen, um sich in einer durch und durch funktionalen Welt behaupten zu können. Jürgen Habermas hat den Einstellungswandel des philosophischen Denkens in der Moderne unter dem Stichwort «Kritik» in vier Thesen zusammengefaßt:

– Kritisch gegen Ursprungsphilosophie, verzichtet sie auf Letztbegründung und auf eine affirmative Deutung des Seienden im ganzen.
– Kritisch gegen die traditionelle Bestimmung des Verhältnisses von Theorie und Praxis, begreift sie sich als das reflexive Element gesellschaftlicher Tätigkeit.

– Kritisch gegen den Totalitätsanspruch von metaphysischer Erkenntnis und religiöser Weltauslegung gleichermaßen, ist sie mit ihrer radikalen Kritik der Religion die Grundlage für die Aufnahme der utopischen Gehalte auch der religiösen Überlieferung des erkenntnisleitenden Interesses an Emanzipation.

– Kritisch schließlich gegen das elitäre Selbstverständnis der philosophischen Tradition, besteht sie auf universeller Aufklärung – auch über sich selber. (Philosophisch-politische Profile, S. 29 f)

Vom Weisen zum Forscher

Wie das von Habermas entworfene Bild erkennen läßt, ist mit dem Wandel der philosophischen Einstellung eine signifikante Entwicklung im Typus philosophischer Existenz verbunden. Die Dominanz der kritischen Einstellung verträgt sich nicht mehr mit dem klassischen Leitbild des «Weisen», wie er durch den griechischen Philosophen Sokrates (ca. 470–399 v. Chr.) verkörpert wird. Noch heute berufen sich akademische Philosophen gern auf den «Typ Sokrates». Trotz seiner Kritik am Staat steht Sokrates der Welt affirmativ gegenüber. Er lebt im Glauben an das Wahre, Gute und Schöne. Allerdings ist Sokrates kein Apostel. Er bewahrt gegenüber seinen Überzeugungen eine ironische Distanz und verschafft so seinem Denken bei aller Prinzipientreue eine Freiheit, die den Philosophen vom Religionsstifter unterscheidet.

Neben Sokrates, der Denken und Leben im Eros verbindet, hat die antike Philosophie auch den Typus des rein theoretischen Denkers hervorgebracht. Davon zeugt der erste ionische Naturphilosoph Thales von Milet (ca. 624–546). In einer Anekdote wird über ihn berichtet, wie er zum Himmel blickend in einen Graben fällt. Eine ihm zuschauende Magd lacht ihn aus. Im Lachen der Magd äußert sich der gesunde Menschenverstand, für den die theoretische Einstellung mit Weltfremdheit identisch ist. Aber an der Ausgestaltung der Anekdote läßt sich ablesen, daß der gesunde Menschenverstand dem rein theoretischen Versunkensein nur scheinbar überlegen ist. Denn diese innere Haltung verleiht dem philosophischen Geist eine Gelassenheit, an der viele Fährnisse des Lebens abprallen.

Im Mittelalter waren die Philosophen eng mit den Theologen assoziiert. Die «Kirchenväter» von Augustinus (354–430) bis Gregor von Nyssa (335–394) lebten und lehrten in Klöstern, ebenso die bedeutenden Scholastiker, die Schulmänner, die einem festen Kanon dogmatischen Wissens verpflichtet waren. Gegen den scholastischen Typus hat sich in der Renaissance Widerstand geregt. Die scholastischen Philosophen wurden als Pedanten verspottet, weil sie über dem reinen Buchwissen den Blick für die Fülle der Erscheinungen verloren hatten. Der italienische Naturphilosoph Giordano Bruno (1548–1600) gehört zu den berühmtesten Verächtern der scholastischen Denkform. Statt lateinische Kommentare zu Aristoteles (384–322 v. Chr.) zu verfassen, der in der Scholastik als «der Philosoph» angesehen wurde, hat Bruno den Anschluß des philosophischen Gedankens an die moderne Naturwissenschaft gesucht. Wegen seines Eintretens für das kopernikanische Weltbild von der Inquisition verfolgt, mußte er ein unstetes Wanderleben durch Europa führen und wurde 1600 in Rom als Ketzer öffentlich verbrannt. Um ein Haar wäre es dem berühmten Naturforscher Galileo Galilei (1564–1642) ebenso ergangen. Immerhin ist er im Jahre 1997 von der römischen Kirche rehabilitiert worden!

Erst im Zeitalter der Aufklärung emanzipiert sich die Philosophie endgültig von der Theologie, und ein neuer Typus des Philosophen entsteht. Der Philosoph wird zum Gelehrten, der immer mehr in Gestalt des Professors auftritt. Infolgedessen unterscheidet Kant zwei Arten von Philosophie: Philosophie nach dem Schul- und dem Weltbegriff. Philosophie nach dem Weltbegriff knüpft an den Typus der französischen Philosophen, der Kritischen Intellektuellen an, die in Voltaire (1694–1778) ihren prominentesten Vertreter gefunden haben. Als Philosoph und Schriftsteller hat Voltaire die öffentliche Meinung in Europa im 18. Jahrhundert nachhaltig geprägt. In Deutschland sind erst später prominente Denker hervorgetreten, die gegen den Typus des akademischen Philosophen Front gemacht haben. Schopenhauers Beschimpfungen der Philosophieprofessoren, denen er Unterwürfigkeit und Mangel an Originalität vorhält, gehören nicht nur zu den amüsantesten Passagen der deutschen Philosophiegeschichte. Sie sind auch Ausdruck der Spannungen, mit denen die philosophische Existenz in der bürgerlichen Gesellschaft zunehmend zu kämpfen hat. Einen tragischen Ausgang nimmt die Spannung zwischen Beruf und Berufung im Denken und Leben Friedrich Nietzsches, der schon als junger Mann dem akademischen Betrieb den Rücken gekehrt und sich in die Gasthöfe der Hochalpentäler geflüchtet hat. In seiner autobiographischen Selbstrechtfertigung mit dem bezeichnenden Titel «Ecce homo» finden sich immer noch erschütternde Einblicke in die Abgründe der philosophischen Existenz, die unter den Bedingungen des modernen Lebens zum Leiden verdammt ist:

> Philosophie, wie ich sie bisher verstanden und gelebt habe, ist das freiwillige Leben in Eis und Hochgebirge – das Aufsuchen alles Fremden und Fragwürdigen im Dasein, alles dessen, was durch die Moral bisher in Bann getan war. Aus einer langen Erfahrung, welche eine solche Wanderung im Verbotenen gab, lernte ich die Ursachen, aus denen bisher moralisiert und idealisiert wurde, sehr anders ansehen, als es erwünscht sein mag: die verborgene Geschichte der Philosophen, die Psychologie ihrer großen Namen kam für mich ans Licht. – Wieviel Wahrheit erträgt, wieviel Wahrheit wagt ein Geist? Das wurde für mich immer mehr der eigentliche Wertemesser. (Ecce homo, KSA VI, S. 258 f)

Der «freie Geist» wird im bürgerlichen 19. Jahrhundert zum Außenseiter, den der Wille zur Wahrheit in existentielle Not, ja sogar in den Wahnsinn treiben kann. Einen neuen Typus antiakademischen Denkens bildeten seinerzeit die politischen Philosophen, die sich gegen die bestehende gesellschaftliche Ordnung wandten und daher nicht selten, wie z. B. wie Karl Marx (1818–1883), ins Exil gehen mußten. Der Philosoph begnügt sich nicht mehr damit, die Welt zu interpretieren, er will sie selbst verändern. So wird er zum politischen Agitator. An diese Tradition knüpft der in Frankreich beheimatete Typus des engagierten Philosophen unseres Jahrhunderts an, der sich in politische Angelegenheiten einmischt und aus seiner Stellung das Recht zu zivilem Ungehorsam ableitet. Die Kultfiguren dieser bis heute lebendigen Tradition waren Jean-Paul Sartre (1905–1980) und seine Lebensgefährtin Simone de Beauvoir.

Wie der kurze Überblick zeigt, lebt die Philosophie mehr als die Fachwissenschaften von ihren Querdenkern und Außenseitern, die sich vom akademischen Betrieb fernhalten. Das überrascht nicht, da Philosophie eben nicht nur eine Denk-, sondern auch und vor allem eine Lebensform darstellt. Daraus resultiert nicht zuletzt die starke Bindung auch der sich ausdrücklich als Wissenschaft verstehenden Philosophie an herausragende Persönlichkeiten. Ihr Profil tritt um so stärker hervor, je mehr es ihnen gelingt, zum Typus des Professors auf Distanz zu gehen. Das läßt in Umbruchzeiten wie der heutigen die Meinung aufkommen, eine Erneuerung der Philosophie könne nur gegen den akademischen Betrieb erfolgen. Das Leitbild des antiken Philosophen Sokrates, der seine Philosophie mündlich auf dem Marktplatz von Athen betrieb, wird als Beleg dafür angeführt, daß ‹richtige› Philosophie nur in den Köpfen von Denkern außerhalb der Universität gedeihen kann.

Sicherlich ist der Affekt gegen verbeamtete Philosophieprofessoren dann verständlich, wenn sie über durchschnittliche Leistungen nicht hinauskommen. Aber man sollte nicht vergessen, daß auch große Philosophen zu allen Zeiten an Akademien und Universitäten lehrten. Das gilt für Platon und Aristoteles, die den Gesprächen des Sokrates eine akademische Form gegeben haben, ebenso wie für Kant und Hegel, die trotz ihrer Verpflichtungen gegenüber dem preußischen Staat Gedanken in die Welt gesetzt haben, von denen die Menschheit heute noch zehrt. Daraus folgt, daß der Typus des akademischen Philosophen keineswegs so schlecht ist wie sein Ruf. Die Geschichte zeigt vielmehr, daß die ein breites Publikum ansprechenden ‹freien› Philosophen ohne akademische Tradition nicht auskommen können.

Als prominentes Beispiel aus unserem Jahrhundert ist Sartre zu nennen, der als Dichter-Philosoph Weltruhm genießt. Wesentliche

Bestandteile seines Denkens verdankt er einem ausgesprochen akademischen Philosophen, dessen Name selbst in gebildeten Kreisen kaum bekannt ist: Edmund Husserl. Dieser verkörperte den Typus des Professors, wie man sich ihn vorstellt, wenn man Heinrich Manns Professor Unrat gelesen hat. Aber hinter seinem verschrobenen Stil verbirgt sich ein so gewaltiger Gedankenreichtum, daß neben Sartre auch Martin Heidegger und andere bedeutende Philosophen von Husserls Arbeiten zehrten und noch zehren. Aus diesem Beispiel läßt sich für die Beurteilung der gegenwärtigen Situation folgende Lehre ziehen: So erlebnisintensiv außerakademische Formen auch sein mögen, es wäre naiv, im philosophischen Café die Wiege aller großen Philosophen der Zukunft zu sehen. Die heute beliebte Gegenüberstellung von akademischen und freien Denkern trübt den Blick für die Notwendigkeit einer methodischen Disziplinicrung der philosophischen Begeisterung. Schiller hat das sehr schön in einem Brief an Goethe (9. 7. 1797) zum Ausdruck gebracht: «Nur die Philosophie kann das Philosophieren unschädlich machen; ohne sie führt es unausbleiblich zum Mystizism». Entsprechend den Vorstellungen seiner Zeit über die Geschlechter hält Schiller die Frau in dieser Hinsicht für besonders gefährdet; «als Mann hätte sie vielleicht alle Irrgänge der Metaphysik durchwandert».

Betrachtet man vor diesem Hintergrund den heute an Universitäten vorherrschenden Typ, so kann man sagen, daß die Philosophen auf dem besten Weg zum modernen Forscher und Wissenschaftler sind. Man braucht heute weder den Bart des Weisen noch eine Kutte, man braucht kein pedantischer Professor und auch kein exzentrischer Bürgerschreck zu sein, um als Philosoph zu gelten. Der Normalisierungsprozeß äußert sich nicht zuletzt darin, daß zunehmend Frauen am philosophischen Betrieb an Universitäten und Schulen teilnehmen. Das ist sicherlich ein ermutigendes Zeichen dafür, daß sich das philosophische Denken und Leben von Klischees, die das Bild über lange Zeit geprägt haben, allmählich befreit. Wichtig ist vor allem eins: Der Philosoph (hierzu zählen natürlich auch Frauen) muß kreativ sein, und seine Gedanken müssen den Standards kritischer Rationalität genügen.

Der Philosoph als Forscher ist eine Vorstellung, die dem Arbeitsstil der modernen Wissenschaften entspricht. Den Forscher auszeichnende Eigenschaften sind Problembewußtsein, Ausdauer und Selbstkritik. Problembewußtsein heißt, über die Teilnahme am normalen wissenschaftlichen Betrieb «die Wissenschaft als etwas noch nicht ganz Gefundenes und nie ganz Aufzufindendes zu betrachten und unablässig sie als solche zu suchen» (Wilhelm von Humboldt, Über die innere und äußere Organisation der höheren wissenschaftlichen Anstalten in Berlin, S. 135). Dazu gehört Ausdauer, die sich anders als bibliophiler Sammlerfleiß durch unermüdliche Arbeit an Problemen zu bewähren hat, die sich häufig einer Lösung hartnäckig widersetzen. Selbstkritik schließlich beinhaltet die Bereitschaft, die eigenen Ergebnisse immer wieder in Frage zu stellen.

Als Forscher muß der Philosoph heute mehr denn je die Fähigkeit besitzen, verschiedene Probleme zu bündeln und, wenn möglich, Forschungsgruppen zu bilden. Das bindet ihn an Institutionen, wie es früher nur für die Naturwissenschaftler der Fall war. Damit ist in zunehmendem Maß die Notwendigkeit verbunden, sich Forschungsmittel zu beschaffen. Das setzt den Philosophen unter Zwänge, gegen die sich der Individualist sträubt. So überrascht es nicht, daß die Normalisierung des philosophischen Lebens, die den ‹einsamen Denker› in themenorientierte Forschergruppen einbindet, beim breiten Publikum auf ein gewisses Unbehagen stößt. Wodurch, so lautet die Frage, unterscheidet sich der Philosoph dann noch vom Laborleiter oder gar vom Manager? Daher der Hang der Öffentlichkeit, nur Außenseitern und vermeintlichen Originalgenies den Rang eines wirklichen Philosophen zuzuerkennen.

Diese Entwicklung ist zwar verständlich, aber auch bedenklich. Denn sie leistet Stilisierungen Vorschub, die den Anforderungen der modernen Welt an die Philosophie nicht gewachsen sind. Sicher wird es auch unter Forschern immer herausragende Persönlichkeiten geben; aber heute ist kein einzelner mehr in der Lage, das gesamte Fachwissen zu überblicken, das erforderlich ist, um auf die Vielfalt philosophischer Fragen kompetente Antworten zu geben. Statt überholte Bilder vom Philosophen zu kultivieren, kommt es darauf an, sich der Eigenart philosophischer Forschung unter den Bedingungen des Informationszeitalters bewußt zu werden. Wie alle Wissenschaftler muß auch der Philosoph Distanz gegenüber dem Betrieb wahren, um sich vor Indienstnahmen und Instrumentalisierungen zu schützen. In diesem Sinn ist der viel geschmähte Elfenbeinturm auch heute noch eine angemessene Behausung für philosophische Geister. Er schützt vor Übergriffen, darf aber nicht zum Ort der Weltflucht werden. Eine bessere Vorstellung vom Ort des philosophischen Forschers bietet wahrscheinlich der Leuchtturm, der Signale aussendet und auch solche empfangen kann. Der Philosoph als Mitglied einer Forschergemeinschaft braucht nicht auf jeder Hochzeit zu tanzen, aber er muß der Dynamik des modernen Lebens in der experimentellen Form seines Denkens Rechnung tragen. Daher darf sich philosophische Forschung nicht mehr damit begnügen, Privatproblemen nachzugehen, sondern sie muß mögliche Welten im Geist durchspielen, um die wirkliche Welt mit zu bewegen.

In Gedankenexperimenten liegt eine bleibende Motivation zur Philosophie. Das gilt auch und gerade dann, wenn nicht mehr das Staunen über die Wunder der Welt, sondern die Verwunderung über die von Menschen geschaffenen Wirklichkeiten den Anstoß zu philosophischer Reflexion geben. In dieser Situation sind Gedankenexperimente ein Weg, mit den Wirklichkeiten, in denen wir leben, fertig zu werden. Das hat viel mit Ironie zu tun, die schon für Sokrates zum philosophischen Gedanken gehört. Manchmal bleibt sogar nichts anderes als Zynismus. Aber so nüchtern und skeptisch der philosophische Forscher heute die Wirklichkeit auch betrachten muß, die Transformation des Wirklichkeits- in Möglichkeitssinn übt eine Faszination aus, der die Menschen nur schwer widerstehen können. Aus dieser Erfahrung beziehen philosophische Forscher heute oft ihr Selbstwertgefühl. Dieses gedankliche Experimentieren, dessen Ernsthaftigkeit meist übersehen wird, erregt zuweilen den Unwillen der Fachwissenschaftler. Sie vermuten Überheblichkeit, wo die Philosophen in Wirklichkeit ihr geistiges Leben mit Gedankenexperimenten aufs Spiel setzen.

Neugierde und Interesse

Das hier entworfene Bild des Philosophen, der sich dem Stil moderner Wissenschaft und Forschung verpflichtet sieht, ohne seinen Gefahren zu erliegen, bildet den vorläufigen Endpunkt einer langen Entwicklungsgeschichte, die unter dem Titel «theoretische Neugierde» bekannt ist. Im Kampf gegen die Denkverbote der Theologie hat die neuzeitliche Wissenschaft sich auf die Neugierde berufen. Sie treibt den menschlichen Geist an, in alle Bereiche des Wissens vorzudringen. Neugierde, der ein gewisser moralischer Makel anhaftet, wird allerdings erst in dem Maß zu einem legitimen Antrieb, wie sie sich objektiviert und in ernsthaftes Interesse übergeht. «Erkenntnis und Interesse», so lautet die von Jürgen Habermas 1968 formulierte Leitidee. Sie gilt noch heute als Prüfstein bei der Entscheidung junger Menschen für ein Studium der Philosophie.

Bevor es zu dieser Entscheidung kommt, dominieren meist emotionale Motive, die hohe Erwartungen an das Studium wecken. Das spiegelt sich in dem großen Zuspruch, den das Fach bei Studienanfängern findet. Dem steht allerdings eine hohe Zahl von Studienabbrechern gegenüber. Offenbar enttäuscht der akademische Betrieb viele erlebnisorientierte Erwartungen. Daraus den Schluß zu ziehen, daß mit der philosophischen Ausbildung etwas nicht stimmt, ist naheliegend und sicherlich nicht ganz falsch, zeigt aber nur eine Seite der Medaille. Die andere Seite betrifft die Motive und Erwartungen selbst, über die bei Studierenden zuwenig Klarheit herrscht. Daher lohnt es sich, den eigenen Drang zur Philosophie auf seine Echtheit und Tragfähigkeit hin zu überprüfen.

Der Begriff des Interesses ist wie kein anderer dazu angetan, den

Studierenden Leitlinien dafür an die Hand zu geben, ob der Hang zur Philosophie einer dauerhaften Neigung oder nur einem flüchtigen Impuls entspringt. Damit ist nicht gesagt, daß Emotionen keine hinreichende Motivation sein können. Aber nur dann, wenn sie der Praxis forschenden Lernens entspringen, garantieren sie Dauerhaftigkeit. Jeder muß wissen, daß die Entscheidung für die Philosophie als Studienfach eine Entscheidung zu einer Lebensform ist, die nicht mit vorübergehenden geistigen Exaltationen, sondern nur durch Anstrengung und Ausdauer bewältigt werden kann.

Zur Selbstprüfung der Studierenden gehört auch die Klarheit über die Berufsaussichten, die für Absolventen des Fachs Philosophie derzeit leider alles andere als gut sind. Die Zahlen der Arbeitslosen sprechen eine klare Sprache. Abgesehen von der Universitätslaufbahn, die nur wenigen offensteht, sind auch die viel beschworenen Nischen in anderen Bereichen äußerst eng. Verlage, Medien und Bildungseinrichtungen haben nur einen begrenzten Bedarf an Philosophen. Darüber kann auch die philosophische Einstellung nicht hinwegtrösten. Nach einem Philosophiestudium seinen Lebensunterhalt mit Taxifahren zu bestreiten ist selbst für einen Philosophen aus Hingabe keine akzeptable Perspektive. Diogenes in der Tonne kann heute kein nachzueifernder Lebensentwurf mehr sein. Der Philosoph, sei er Forscher oder Lehrer, braucht Arbeitsbedingungen, die nur im Berufsleben anzutreffen sind.

Diese nüchterne Einsicht zwingt den einzelnen dazu, sein Studium pragmatisch anzugehen. Ein erfolgversprechender Weg ist die Kombination der Philosophie mit einem oder zwei praxisbezogenen Fächern, die gute Berufsaussichten bieten. Bei der Fächerkombination sollte man getrost neue Pfade einschlagen. Die klassische Verbindung mit geisteswissenschaftlichen Fächern wie Germanistik, Geschichte oder einer Fremdsprache sowie mit Pädagogik, Politikwissenschaft und Soziologie erhöhen die Berufschancen in der Regel nur geringfügig. Anders dagegen verhält es sich, wenn man Wirtschaftswissenschaften, Informatik oder technische Disziplinen als Begleitfächer wählt. Ein Absolvent der Wirtschaftswissenschaften wird durch die Verbindung mit dem Fach Philosophie im Management größere Chancen haben als ein reiner Ökonom. Denn die Verbindung zweier verschiedener Denkformen, der instrumentellen und der reflexiven Vernunft, bildet eine effiziente und mittlerweile durchaus gefragte Kombination. Leider bieten in Deutschland bisher nur wenige Hochschulen Studiengänge mit derartigen Kombinationsmöglichkeiten an. Die Philosophiestudierenden sollten sich daher bei der Wahl ihrer Hochschule genau über mögliche Fächerkombinationen informieren.

Die aus bisher unüblichen Fächerkombinationen resultierenden Berufsaussichten für Philosophen spiegeln den gewandelten Geist unserer Zeit. Natürlich entspricht jemand, der in der Wirtschaft oder in der Industrie arbeitet und dort sein philosophisches Reflexionspotential einbringt, nicht dem «Typ Sokrates». Aber die Funktion der Philosophie in unserer durch Wissenschaften und Technik geprägten Welt schafft ein neues Berufsbild, das der beschriebenen Normalisierung des philosophischen Selbstverständnisses entspricht. Wer nicht die traurige Rolle des brotlosen Philosophen spielen will, muß wissen, daß philosophische Forschung zukünftig nur in Verbindung mit praxisrelevanten Tätigkeiten durchführbar ist. Auf die Ausbildung an der Universität bezogen, bedeutet das: Philosophie ist gewissermaßen von Haus aus ein interdisziplinäres Fach, vielleicht das einzige, das seinem Wesen nach auf Interdisziplinarität angewiesen ist.

Die heilsame Wirkung, die von praxisorientierten Fächern auf das philosophische Denken ausgehen kann, ist insbesondere darin zu sehen, daß sie den unendlichen Schleifen des sich selbst überlassenen philosophischen Geistes, die in der Vergangenheit viele Studenten der Philosophie über ihr Studium haben alt werden lassen, ein Ende setzt. Zwar wird neuerdings die Langsamkeit als geistiger Wert gelobt, den die Philosophie in unserem schnellebigen Zeitalter hochhalten sollte. Wenn das Lob der Langsamkeit den jugendlichen Geist vor Übereilung bewahrt, so ist dagegen nichts zu sagen. Aber Langsamkeit stellt keinen Wert an sich dar und kann Studienanfängern heute kaum empfohlen werden.

Etwas anders steht es allerdings mit der ständig wachsenden Gruppe der älteren Studierenden, die sich zur Philosophie hingezogen fühlen. Wie die große Beliebtheit des «Seniorenstudiums» zeigt, überwiegt bei Älteren der Wunsch, sich endlich einmal mit Dingen zu beschäftigen, für die ihnen im Berufsleben die Zeit fehlte. Das Bedürfnis beispielsweise, sich Rechenschaft über den bisherigen Lebenslauf zu geben, erzeugt eine Nachdenklichkeit, wie sie auch bei Historikern anzutreffen ist. Entsprechend dominiert in der philosophischen Arbeit mit älteren Menschen die narrative Rationalität, die Umsetzung philosophischer Begriffe in Geschichten. Davon wollen junge Menschen meist nicht viel wissen. Ihr philosophisches Bedürfnis ist zukunftsorientiert, und sie suchen daher die Herausforderung durch analytische Arbeit am Begriff. Systematische Konstruktionen, von denen sie sich Aufschluß über den logischen Aufbau der Welt erhoffen, sprechen sie stärker an als Geschichtenerzählen.

Die beiden Typen philosophischer Rationalität, die Rückschau des Epimetheus und die Vorschau des Prometheus, können im akademischen Unterricht zu Verständnisschwierigkeiten zwischen den Generationen führen. In der Praxis ist derzeit immer öfter zu beobachten, daß Veranstaltungen mit gemischten Teilnehmern von ungeduldigen jungen Studierenden gemieden werden. Hier werden sicherlich im Rahmen einer Strukturreform der Universitäten neue Formen der Zusammenarbeit oder möglicherweise auch der Trennung entwickelt werden, damit es statt zur Konfrontation zu einem fruchtbaren Miteinander beider Erwartungshaltungen kommt. Wenn Studierende sich darauf einstellen, können die Generationen auch in der Philosophie voneinander lernen und dem philosophischen Denken vielleicht zu einem neuen Profil verhelfen.

3. Sachgebiete der theoretischen Philosophie

Aus welchen Motiven auch immer sich jemand für ein Studium der Philosophie entscheidet, die Berührung mit dem akademischen Betrieb löst in der Regel eine gewisse Ernüchterung aus. Daß die Philosophie ebenso wie die Kunst sich nur schwer mit schulischen und akademischen Formen vereinbaren läßt, dürfte nach dem, was bisher über die Faszination und Motivation philosophischer Sinnklärung gesagt worden ist, nicht verwundern. Damit die Dämpfung der Erwartungshaltung aber nicht zur Enttäuschung oder sogar zum vorzeitigen Ausstieg führt, sollte man sich zuvor Klarheit über die Aufgaben des akademischen Unterrichts verschaffen. Seine Hauptaufgabe besteht in der Vermittlung eines kanonisch festgelegten Wissensstoffs und der Einübung verläßlicher Denkmethoden, damit Philosophie nicht in unverbindliches Gerede über Gott und die Welt ausartet. Nur auf einer soliden Grundlage kann sich Kreativität im Umgang mit philosophischen Problemen entwickeln. Zur philosophischen Ausbildung gehört also in erster Linie Wissensvermittlung, die von ausgebildeten Spezialisten ausgehen muß. Wer sich ohne kompetente Anleitung und Beratung um Sinnklärung bemüht, läuft Gefahr, sich auf unwegsamem Gebiet zu verirren.

Daher bleibt es dabei: Der sicherste Weg in die Philosophie führt über Schulen und Universitäten. Sicherlich macht das Lehrangebot der Vorlesungsverzeichnisse auf den Anfänger zunächst einen verwirrenden Eindruck. Zumal wenn es, wie im Fach Philosophie üblich, keinen festen Stundenplan gibt. Um die Angebote sinnvoll nutzen zu können, braucht man eine allgemeine Vorstellung von der Gliederung der philosophischen Inhalte. Dieses Kapitel will eine solche Übersicht vermitteln. Allerdings ist mit einer Begriffserklärung der einzelnen Sachgebiete wenig geholfen. Vielmehr sollen sogleich die Anforderungen und der Schwierigkeitsgrad deutlich gemacht werden, mit denen die Studierenden zu rechnen haben. Daher sind die Ausführungen dieses sowie des folgenden Kapitels keine leichte Lektüre. Anfänger sollten sich dadurch aber nicht entmutigen lassen. Sie tun gut daran, sich zunächst auf die Gebiete zu beschränken, die sie interessieren. So können sie testen, ob sie den auf sie zukommenden Anforderungen gewachsen sind oder nicht. Aber selbst, wenn ihnen einzelne Passagen zu schwierig erscheinen, brauchen sie nicht zu verzweifeln. Sie können sich Zeit lassen und später noch einmal nachlesen, was ihnen zunächst unklar geblieben ist.

Die übliche Einteilung der Philosophie in Sachgebiete erfolgt nicht nach einer streng systematischen Ordnung. Zwar sind in der Vergangenheit immer wieder Versuche unternommen worden, das philosophische Wissen enzyklopädisch zu gliedern. Aber derartige Versuche haben keine allgemeine Anerkennung gefunden. Statt dessen hat sich eine lockere Gliederung nach den Erkenntnisgegenständen durchgesetzt, so daß die verschiedenen Gebiete in enger Wechselbeziehung miteinander stehen. Das bedeutet für die Studierenden, daß sie im Prinzip in jedem Gebiet einsteigen können.

Logik

Die theoretische Philosophie gliedert sich in drei große Gebiete: Logik, Metaphysik und Erkenntnistheorie. In zahlreichen Studiengängen steht die Logik am Anfang. Das wird häufig damit begründet, niemand könne erfolgreich philosophieren, ohne sich zuvor im logischen Denken geübt zu haben. Für diese Ansicht spricht natürlich einiges, man sollte sich aber vor falschen Erwartungen hüten. Wer nicht logisch denken kann, der wird auch durch ein Studium der Logik nicht klug. In der Philosophie erfüllt die Logik spezielle Aufgaben. Zu ihnen gehört die Klärung problematischer Begriffe und die Prüfung der Gültigkeit von Argumenten. Ferner stehen sprachkritische Themen auf der Tagesordnung, z. B. die Unterscheidung von «Bezug» (engl. *reference*) und «Bedeutung» *(meaning)* eines Ausdrucks. Der Universitätsbetrieb zeigt denn auch, daß Logik weniger als vorbereitende Denkschule betrieben wird, sondern vielmehr ein Spezialgebiet philosophischer Forschung neben anderen darstellt.

Logik (von griechisch *logos*, vernünftige Rede, aber auch der Gedanke, der damit gemeint ist) ist die Wissenschaft von den Regeln oder Gesetzen des richtigen Denkens und Sprechens. Um sich ein Bild vom gegenwärtigen Stand der Logik machen zu können, muß man zunächst einige Grundbegriffe kennen. «Formal» heißt eine Logik, insoweit sie von den Inhalten der Ausdrücke absieht. Diese Bestimmung bedarf allerdings einer Präzisierung. Die logische Form eines Satzes ergibt sich erst aus der Unterscheidung von sachhaltigen Ausdrücken und logischen Partikeln. Erstere heißen Variablen. Sie bilden Leerstellen, die durch Buchstaben bezeichnet werden. Letztere heißen Konstanten, zu denen Satzverknüpfungszeichen (Junktoren) wie «und», «oder» usw. und quantifizierende Ausdrücke (Quantoren) wie «alle», «einige» gehören. Die logischen Konstanten werden in formaler Sprache durch Symbole dargestellt, z. B. «^» für «und».

Je nachdem, welche logischen Konstanten verwendet werden, unterscheidet man zwischen Aussagenlogik und Prädikatenlogik. In der Aussagenlogik werden Satzverknüpfungen mittels Junktoren untersucht; die Prädikatenlogik arbeitet darüber hinaus auch mit Quantoren, um den Allgemeinheitsgrad von Sätzen festzustellen. Wie formalisierte Aussagen aussehen, kann man jedem Lehrbuch der Logik entnehmen. Der Anblick schreckt den Laien in der Regel ab, doch sollte man sich nicht ins Bockshorn jagen lassen. Mit etwas Übung im Formalisieren erkennt man schnell, daß auch hier nur mit Wasser gekocht wird.

An den Universitäten begegnet den Studierenden die Logik heute in zweierlei Gestalt: als sprachanalytische und als mathematische Logik. Die sprachanalytische Logik ist eng mit der Linguistik verbunden. Dabei sind wiederum zwei Richtungen zu unterscheiden: die aus dem logischen Positivismus herkommende idealsprachliche

Richtung (*«Ideal Language Philosophy»*), welche Sprache nach exakten logischen Regeln rekonstruiert («Kunstsprachen»), und die Philosophie der normalen Sprache (*«Ordinary Language Philosophy»*) der Schule von Oxford, die Sinn und Bedeutung von Aussagen aus ihrer alltagssprachlichen Verwendung ableitet. In beiden Richtungen spielt das Werk von Ludwig Wittgenstein (1889–1951) eine zentrale Rolle, wobei der frühe «Tractatus logico-philosophicus» (1921) für die erste, die späteren «Philosophischen Untersuchungen» (1953) für die zweite Richtung repräsentativ sind.

Die mathematische Logik faßt Denken als eine Form des Rechnens in einem Kalkülsystem auf, so daß man diese Art der Logik nicht mehr formal, sondern formalistisch nennt. Die formalistische Logik oder Logistik arbeitet mit Symbolen oder Kalkülzeichen als Elementen künstlicher Aussagensysteme. Eine bedeutende Richtung der mathematischen Logik stützt sich auf den Algorithmus, das heißt auf ein mechanisch oder elektronisch ausführbares Rechenverfahren, wie es in Computern installiert ist, und steht damit der Informatik nahe.

Die beiden Hauptströmungen der Logik sind das Resultat einer langen Entwicklung, an deren Anfang Aristoteles steht. Er hat die Logik als Syllogistik begründet, als Lehre vom richtigen Schlußfolgern. Zwar enthält die aristotelische Syllogistik die Gesetze der Aussagenlogik, diese werden aber nicht ausdrücklich als solche formuliert. Insofern ist Aristoteles eher der Tradition der Prädikatenlogik zuzurechnen. Die Aussagenlogik hingegen wurde erst in der Spätantike von den Stoikern ausgearbeitet. Sie enthält stark formalistische Gedanken, die zum mathematischen Aussagenkalkül geführt haben. Mit der aristotelischen und der stoischen Logik stehen sich zwei Traditionen gegenüber, die in der Geschichte der Logik miteinander um die Vorherrschaft ringen. Schon im Spätmittelalter hat die Logik auf der Linie der stoischen Aussagenlogik erste Schritte in Richtung auf die Kalkülisierung gemacht. Die entscheidende Wende setzt allerdings erst im 18. Jahrhundert mit Gottfried Wilhelm Leibniz (1646–1716) ein. Er hat eine Kalkülsprache entworfen, mit der logische Operationen als Rechenvorgänge durchgeführt werden können. Die Idee der rechnenden Logik oder des logischen Kalküls ist als «Leibniz-Programm» in die Geschichte eingegangen.

Obwohl Leibniz schon mechanische Rechenmaschinen kannte, hat das Leibniz-Programm zunächst einige Jahrzehnte auf Eis gelegen. Schuld daran ist Kant. Dieser hat sich mit der mathematischen Fundierung der Logik nicht zufriedengegeben. Ihm schwebte im Gegensatz zu Leibniz eine mehr an Bedeutungen orientierte Logik vor, der er den Namen «transzendentale Logik» gegeben hat. Darunter versteht Kant die Analyse aller der Erfahrung vorausgehenden Formen des Denkens, auch «Kategorien» genannt. Unmittelbar nach Kant hat im Deutschen Idealismus Hegel eine dialektische Logik ausgebildet, in der das Denken einem festen Entwicklungsschema von These, Antithese und Synthese unterworfen wird, nach dem sich alle Prozesse in Natur und Geschichte richten sollen. Hegels Dialektik hat in der Geschichte der Logik kaum Spuren hinterlassen, um so mehr aber in der Geschichtsphilosophie und der politischen Philosophie von Karl Marx und den dialektischen Materialisten.

Erst in der zweiten Hälfte des 19. Jahrhunderts hat die Logik einen bedeutenden Sprung gemacht. Der Engländer George Boole (1815 – 1864) hat sie auf algebraischer Grundlage neu aufgebaut. Die Idee einer rechnenden Logik zielt weniger auf das Beweisen von Sätzen als vielmehr auf das Lösen von Problemen. Dazu bedarf es mechanisch ausführbarer Regeln, zumal wenn es gelingt, die Logik als Algebra der Zahlen 0 und 1 zu entwickeln. Die Boolesche Algebra der Logik heißt daher auch «binäre Algebra». Nach der Binärcodierung arbeiten heute die Computer, so daß die Boolesche Logik vornehmlich in der theoretischen Informatik behandelt wird. Hier steht die Frage der Logikprogrammierung im Mittelpunkt. PROLOG heißt die derzeit erfolgreichste logische Programmiersprache.

In der Philosophie wirkt die von Boole gegründete Richtung bei Charles Sanders Peirce (1839 – 1914), dem Begründer des Pragmatismus, weiter. Er hat die Logik als Theorie der Beziehungen, als

Relationenlogik, aufgefaßt. In diesem Rahmen entwickelt Peirce eine Zeichentheorie, eine Semiotik. Die Bedeutung eines Zeichens stellt eine dreistellige Relation dar: einmal die semantische Relation zwischen Zeichen und Bezeichnetem, ferner die syntaktische Relation der Zeichen untereinander und schließlich die pragmatische Relation zwischen Zeichen und Zeichenbenutzer. Erst letztere (der «Interpretant») gibt den beiden übrigen Relationen Sinn. Der Pragmatismus von Peirce hat bei der linguistischen Wende *(linguistic turn)* in der Philosophie der neueren Zeit Pate gestanden.

Für die Entwicklung der modernen Logik ist neben Boole Gottlob Frege (1848–1925) zu nennen, der mit seiner «Begriffsschrift» (1879) eine Formelsprache des reinen Denkens konstruiert hat. Damit begründet Frege eine neue Tradition. Im Gegensatz zu Boole will er die Mathematik aus logischen Grundbegriffen ableiten. Die Logisierung der Mathematik («Logizismus») vollendeten die «Principia mathematica» (1910) von Bertrand Russell (1872 bis 1970) und Alfred North Whitehead (1861–1947). Bis heute hat Frege große Bedeutung nicht nur in der mathematischen, sondern auch in der sprachanalytischen Richtung. Freges Bedeutung ergibt sich daraus, daß er nach dem Vorbild von Kant die Logik als Teil der Erkenntnistheorie betrachtet. Von ihm stammt der Ausdruck «Wahrheitswert», dem zufolge jede Aussage entweder wahr oder falsch ist. Die erkenntnistheoretische Ausrichtung der Logik führt Frege aber nicht, wie im 19. Jahrhundert üblich, in die Psychologie. Im Anschluß an Platon vertritt er vielmehr die Lehre einer «reinen Logik», die es mit übersinnlichen Gegenständen («Gedanken») zu tun hat. Freges Überwindung des «Psychologismus» hat die epochemachenden «Logischen Untersuchungen» (1900) von Edmund Husserl geprägt. Einen weiteren fruchtbaren Grundgedanken stellt Freges Unterscheidung von «Sinn» und «Bedeutung» dar, die heute in der sogenannten «intensionalen Logik» weiterlebt.

Der gedrängte Überblick über die Entwicklung der Logik, der die Leser mit einer Fülle schwer verständlicher Begriffe konfrontiert, soll keinen Grundkurs der Logik ersetzen. Er will nur deutlich machen, daß zwischen Logik und Philosophie ein interessantes Wechselverhältnis besteht, das den Studierenden ein weites Betätigungsfeld bietet. Dazu ist anzumerken, daß der gegenwärtige Stand der Logik alles andere als ausgeglichen ist. Die mathematische Logik oder Logistik, die der theoretischen Informatik nahesteht, hat ständig unter dem Absolutheitsanspruch der sprachanalytischen Richtungen zu leiden. Ihr wird nämlich vorgehalten, sie sei nur ein methodisches Hilfsmittel, während die sprachanalytische Logik den Anspruch erhebt, selbst Philosophie zu sein. Hier handelt es sich um die Neuauflage eines alten Streits zwischen den Aristotelikern, die Logik unter dem Namen «Analytik» für ein bloßes Werkzeug der Philosophie hielten, und den Stoikern, die Logik als zentralen Bestandteil der Philosophie betrachteten. Wie vor zweitausend Jahren gibt es auch heute wieder dieselben Mißverständnisse auf beiden Seiten. Mathematische Logiker tendieren dazu, alles nicht algorithmisch formalisierbare Denken als irrational oder metaphysisch abzutun. Die Sprachanalytiker hingegen sehen in der Logistik die Gefahr eines Reduktionismus, der die kreative Seite der logischen Operationen nicht anerkennt. Wie in den meisten Streitfällen liegt die Wahrheit wohl auch hier in der Mitte. Das stellt die Logik vor die Aufgabe, beide Tendenzen in einem fruchtbaren Kompromiß miteinander zu verbinden. Das wird freilich nur möglich sein, wenn es gelingt, über das eigene Gebiet hinauszublicken und die angrenzenden Gebiete der theoretischen Philosophie in die Überlegungen mit einzubeziehen. Das sind die Metaphysik und die Erkenntnistheorie, denen wir uns nun zuwenden.

Metaphysik

Während die Logik in Forschung und Lehre mit bedeutenden neuen Theorien aufwartet, ist das Studium der Metaphysik hauptsächlich auf historische Texte angewiesen. Obwohl Anfang dieses Jahrhunderts von einer «Auferstehung der Metaphysik» die Rede war, gibt es kein bedeutendes zeitgenössisches Werk, das als Metaphysik auftritt. Das Studium der Metaphysik beginnt daher in aller Regel mit Aristoteles. «Metaphysik», ursprünglich der Titel aristotelischer Schriften, die auf die Schrift über die Natur, die «Physik», folgen, heißt die Lehre von den allgemeinen Bestimmungen des Seienden. Daher wird die Metaphysik von Aristoteles «Erste Philosophie» genannt. Zu den Grundbegriffen des Seienden zählt die Substanz, das für sich Bestehende, im Unterschied zu den Akzidenzien, die niemals allein, sondern nur an anderem Bestehendem, eben an Substanzen, auftreten. Substanz heißt auch das Beharrende im Unterschied zum Wechselnden. Da Aristoteles in seiner Tafel der Grundbegriffe des Seienden, der Kategorien, der Substanz die erste Stelle einräumt, wird die aristotelische Metaphysik gewöhnlich auch als «Substanzmetaphysik» bezeichnet.

Diese kurze Erläuterung mag bei Laien Verwunderung darüber auslösen, daß so einfache Gedanken zu einer so schwierigen Wissenschaft wie der Metaphysik geführt haben. Man muß sich aber in historischer Perspektive vor Augen halten, welche ungeheure Abstraktionsleistung erforderlich ist, um aus der Fülle der konkreten Erfahrungsgegenstände einen so allgemeinen Begriff wie den des Seienden zu gewinnen. In diesem Punkt stellt die aristotelische Metaphysik schon einen Fortschritt gegenüber der Philosophie Platons dar, nach dessen Ansicht das Allgemeine von den Einzelerscheinungen getrennt in Form von «Ideen» außerhalb der Wirklichkeit existiert. Aristoteles dagegen hat die Ideen in die Wirklichkeit zurückgeholt und als Einheit von Form und Stoff interpretiert, die sich an jedem Gegenstand finden lassen. Fragt man, wie Aristoteles zu den Kategorien des Seienden gelangt ist, so lautet die Antwort: über die Grammatik. Die aristotelischen Kategorien entsprechen grammatischen Grundbegriffen, die Substanz beispielsweise dem Subjekt eines Aussagesatzes. Nach diesem Muster erläutert Aristoteles in seiner «Metaphysik» den Substanzbegriff:

Das Wort Substanz wird, wenn nicht in noch mehr, so doch jedenfalls in vier verschiedenen Bedeutungen gebraucht. Man versteht unter Substanz den Begriff, das Allgemeine und die Gattung, zu der ein Einzelding gehört, und dazu kommt noch als viertes das Substrat. Substrat ist das Subjekt, von dem das übrige als Prädikat ausgesagt wird, während es selbst nicht das Prädikat von einem anderen Subjekt bilden kann. Zuerst ist also das Substrat zu bestimmen; denn das Substrat scheint als das Ursprünglichste in erster Linie Substanz zu sein. Als solches Substrat bezeichnet man in gewissem Sinne die Materie, in einem anderen die Form, in einem dritten die Verbindung beider. Unter Materie verstehe ich z. B. das Erz, unter Form den Umriß der Gestalt, unter der Verbindung beider die Bildsäule als Ganzes. Wenn nun also die Form früher ist als die Materie und ihr in höherem Grade ein Sein zukommt, so wird sie aus demselben Grund auch früher sein als das aus beiden bestehende Ganze. Damit ist an einem Beispiel gezeigt, was das Wesen der Substanz ausmacht: nämlich daß sie das ist, was nicht an das Substrat gebunden ist, sondern vielmehr das, woran das andere gebunden ist. (Metaphysik, S. 117)

Dieser Abschnitt bildet nur den Anfang weiterer Begriffsklärungen. Er dürfte aber genügen, um einen Eindruck davon zu vermitteln, daß Metaphysik trotz der Abstraktheit ihrer Überlegungen eine präzise und am konkreten Fall orientierte Darstellung erlaubt. Das ist wohl der Grund dafür, daß die Metaphysik des Aristoteles zum exemplarischen Text der antiken Philosophie überhaupt wurde. Diese Tendenz setzt sich im Mittelalter fort, in dem die Metaphysik, die schon Aristoteles auch als Theologie bezeichnet, mit den Dogmen der christlichen Religion verschmilzt. Die mittelalterlichen Philosophen, die immer zugleich Theologen waren, haben sich in der Regel darauf beschränkt, die Texte des Aristoteles und allen voran seine Metaphysik zu kommentieren. Trotz der eindeutigen Orientierung am aristotelischen Text nimmt die christliche Metaphysik des Mittelalters aber auch verstärkt platonische bzw. neuplatonische Elemente auf, die sich zwangloser mit dem christlichen Gottesbegriff verbinden lassen. Unter diesem Einfluß spaltet sich die Metaphysik in eine allgemeine (*«metaphysica generalis»*) und eine spezielle (*«metaphysica specialis»*). Im Gegensatz zur allgemeinen Metaphysik, unter der die Lehre vom Sein als solchem mit seinen letzten Gründen (Ontologie) sowie vom Wesen der Welt (Kosmologie) verstanden wird, heißen die Gegenstände der speziellen Metaphysik Gott, Freiheit und Unsterblichkeit der Seele, Themen, die noch in Kants «Kritik der reinen Vernunft» eine bedeutende Rolle spielen.

In der Neuzeit erreicht die Substanzmetaphysik ihren Höhepunkt bei Leibniz, der seiner Metaphysik den Titel «Monadologie» gegeben hat. Als Monaden bezeichnet er die letzten Einheiten, aus denen das Seiende besteht. Darunter versteht Leibniz in sich geschlossene Kraftzentren, die er auch «metaphysische Punkte» nennt. Für den Laien, der von Monaden allenfalls gehört hat, daß sie «keine Fenster haben», mag die Monadologie als Beispiel endgültig überholter metaphysischer Spekulation gelten. Aber wer sich näher mit den Texten von Leibniz beschäftigt, wird schnell erkennen, daß seine Monadologie ein heute noch diskutables Modell zum Verständnis der körperlich-seelischen Einheit des Menschen darstellt. Die Monadologie versucht nämlich, in der Bestimmung des Seienden als Monade der Tatsache Rechnung zu tragen, daß der Mensch die Welt immer nur als Inhalt seines Bewußtseins erfährt. Wie die verschiedenen Bewußtseinsinhalte der Menschen so zusammenstimmen, daß sie ein objektives Abbild des Seienden ergeben, erklärt Leibniz mit seiner berühmten Theorie der «prästabilierten Harmonie». Sie besagt, daß in jeder Monade alle Ereignisse des gesamten Universums wie in einer Speicherzelle programmiert sind. Eine Vision, die an Kühnheit der heutigen Theorie des Cyberspace in nichts nachsteht.

Gegen Ende der Aufklärung hat die Metaphysik einen schweren Schlag erlitten. Wiederum war es Kant, der diesen Schlag insbesondere gegen Leibniz geführt hat. Er zeigte, daß das Sein für den Menschen empirisch nicht erkennbar ist. Natürlich vermögen wir die Welt als Ganzes zu denken, aber für die dazu notwendigen Begriffe fehlt uns letztlich die Anschauung. Denn unsere Sinne sind auf Ausschnitte der Wirklichkeit beschränkt, so daß wir die Welt in ihrer Totalität – und nichts anderes ist das Seiende oder das «Sein» – niemals wahrnehmen können. Dieser Sachverhalt läßt sich durch einen Vergleich mit einem alltäglichen Begriff klarmachen. Jeder weiß, was Obst ist, aber niemand kann Obst als solches essen, sondern immer nur Birnen, Äpfel, Pflaumen usw., die wir alle zusammen als Obst bezeichnen. Ebenso verhält es sich mit dem «Sein», von dem die Metaphysiker reden, das die Physiker aber immer nur konkret als Masse, Energie usw. bestimmen können.

Seine Kritik hat Kant den Ruf «Zermalmer der Metaphysik» eingebracht. Das heißt aber nicht, daß damit das endgültige Aus für die Metaphysik gekommen ist. Im Gegenteil: Kurz nach Kant erlebte die Metaphysik im Deutschen Idealismus bei Hegel eine neue Blüte. Das war dadurch möglich, daß sich die in der Monadologie von Leibniz vollzogene Einheit von Sein und Bewußtsein in einem neuen Begriff kristallisierte. Es ist der Begriff «Geist», der alle Inhalte des Bewußtseins umfaßt. Die antike Substanzmetaphysik wird im Deutschen Idealismus zur Philosophie des «absoluten Geistes». «Absolut» heißt der Geist, weil in ihm alle Erscheinungsformen der Welt zu einem vollendeten System zusammenlaufen. Gegenüber der antiken Substanzmetaphysik hat die idealistische Geist-Metaphysik den Vorteil, daß sie ein dynamisches Moment in den Begriff des Geistes aufnimmt, dem Hegel die Form der Dialektik gibt. Dialektik gehört also nicht nur zum Denken, sondern auch zum Sein, das sich in qualitativen Sprüngen entwickelt. Dadurch kann die Metaphysik des Deutschen Idealismus, insbesondere im Spätwerk Friedrich Wilhelm Joseph Schellings (1775–1854), theologische und mythologische Elemente aufnehmen. Sie verleihen dem «Urgrund des Seins» eine verführerische Tiefe. Bei Schelling wird der Seinsgrund zum Abgrund eines «blinden Willens», der bei Schopenhauer schließlich anthropologisch als «Wille zum Leben» weiterlebt.

Nach Hegels Tod vergehen die metaphysischen Blütenträume des Deutschen Idealismus allerdings schnell. Diesmal aber nicht, weil die Metaphysik widerlegt wird, sondern weil sie den Anschluß an die Naturwissenschaften verliert. Wilhelm Dilthey hat Ende des 19. Jahrhunderts diesen geistesgeschichtlich interessanten Vorgang treffend als «Euthanasie der Metaphysik» beschrieben. Einen Niederschlag hat der Prozeß im «Wiener Kreis» der Neopositivisten gefunden, zu denen zeitweilig auch Wittgenstein gehörte. Die Neopositivisten begnügen sich nicht wie Kant damit, die menschliche Erkenntnis auf die Erfahrung einzuschränken, sondern erklären alle darüber hinausgehenden metaphysischen Fragen für sinnlos, sie entlarven sie als «Scheinfragen».

Nun gilt auch für die Geistesgeschichte, daß Totgesagte lange leben. Das trifft ebenfalls für die Metaphysik zu, die sich in gewandelter Form und unter neuen Namen immer wieder zu Wort meldet. Denn offenbar gibt es so etwas wie ein «metaphysisches Bedürfnis», das den Menschen antreibt, nach dem Sein der Welt zu fragen. So entstehen auch nach dem Zusammenbruch des Deutschen Idealismus immer wieder metaphysische Werke. Allerdings wird der statische Substanzbegriff der antiken Metaphysik, der in der idealistischen Philosophie des Geistes schon eine dialektische Dynamisierung erfahren hat, unter dem Einfluß der modernen Naturwissenschaften und insbesondere der Biologie entwicklungsgeschichtlich umgedeutet. Als Beispiel dafür sei «Die schöpferische Entwicklung» (1907) des französischen Lebensphilosophen Henri Bergson (1859–1941) genannt.

Geistesgeschichtlich ungleich wirksamer als die lebensphilosophische Transformation der Metaphysik sind die geschichtsphilosophischen Theorien derjenigen Denker des 19. Jahrhunderts, die «Linkshegelianer» genannt werden. Der bedeutendste unter ihnen ist zweifellos Karl Marx, der dem metaphysischen Denken eine Dimension erschlossen hat, die das moderne Leben beherrscht: die politische Ökonomie. Das bedeutet konkret, daß die Kategorien der klassischen Substanzmetaphysik durch wirtschaftswissenschaftliche Grundbegriffe wie Arbeit, Mehrwert und Klasse abgelöst werden. Aber damit nicht genug; Marx und seine Anhänger zogen daraus politische Folgerungen, die zu den großen ideologischen Kämpfen unseres Jahrhunderts geführt haben. Der Zusammenbruch des Marxismus als Ideologie kommunistischer Diktaturen berechtigt aber nicht zu dem Schluß, daß die von Marx vollzogene Wende der Metaphysik zur politischen Ökonomie rückgängig gemacht worden ist. Im Gegenteil: Vieles deutet darauf hin, daß der Einzug ökonomischer Theorien in das philosophische Denken der Moderne noch bevorsteht.

Einen bedeutenden Ansatz für eine nicht-marxistische Metaphysik des gesellschaftlichen Seins gab es im Jahre 1900. In diesem Jahr erschien die wegweisende «Philosophie des Geldes» von Georg Simmel (1858–1918). Hier wird der Übergang vom Substanz- zum Funktionsbegriff konsequent vollzogen. Allerdings war es nicht dieses Buch, sondern das 1927 erschienene Werk «Sein und Zeit» von Martin Heidegger, das der Metaphysik in diesem Jahrhundert zu neuer Blüte verholfen hat. Zwar spielen in Heideggers Analysen des Daseins auch haushaltswissenschaftliche Begriffe eine Rolle (z. B. die Sorge im Sinn von «Besorgen»), es dominiert aber ein theologisches Seins-Verständnis, was in der Bezeichnung «Fundamentalontologie» zum Ausdruck kommt. An Heidegger schließt das letzte große metaphysische Werk des 20. Jahrhunderts an, «Das Sein und das Nichts» (1943) von Jean-Paul Sartre. Wie schon bei Heidegger ist auch bei Sartre die Rede vom Sein immer auf das menschliche Dasein bzw. die «Existenz» bezogen. In Umkehrung eines mittelalterlichen Satzes vertreten Sartre und die übrigen französischen Existentialisten die These, daß die Existenz der Essenz (dem Sein oder Wesen) vorhergeht. Damit ist der Punkt erreicht, an dem die Metaphysik in beschreibende Soziologie der Lebenswelt übergeht.

Wenn in den letzten Jahrzehnten auch keine durchschlagenden metaphysischen Werke mehr entstanden sind, so bleibt der metaphysische Gedanke doch lebendig. Der von Leibniz formulierte Satz «Warum ist überhaupt etwas und nicht vielmehr nichts?», der als klassische Frage der Metaphysik bezeichnet wird, lebt in der Frage weiter, wie die Wirklichkeit beschaffen sein muß, damit Menschen in ihr menschlich leben können. In dieser Form steht metaphysisches Denken noch heute auf der Tagesordnung der Universitätsphilosophie. Gängige Themen wie «Politik und Metaphysik» oder «Natur und Metaphysik» lassen erkennen, daß der philosophische Geist sich mit den Antworten der Fachwissenschaften nicht zufriedengibt. Er ist immer noch auf der Suche nach einer Grundform des Seins, die allerdings nun nicht mehr außerhalb des Bewußtseins, sondern in Strukturen oder Sinnzusammenhängen der von Menschen gemachten Wirklichkeiten selbst vermutet wird. Das leitet zur Frage nach der Erkenntnis über.

Erkenntnistheorie

Die Erkenntnistheorie nimmt derzeit den größten Raum innerhalb der theoretischen Philosophie ein. Anders als die Metaphysik oder die Ontologie, die sich direkt dem «Sein» der Welt zuwenden, stellt Erkenntnistheorie die Vorfrage, wie das Bewußtsein Zugang zum Sein gewinnt oder, einfacher formuliert, wie Vorstellungen und Begriffe rein geistiger Natur sich auf materielle Gegenstände beziehen können. Denn offenbar ist der Geist weder ein Behälter, in dem sich die erkannten Gegenstände befinden, noch ein fotografischer Apparat, der einfallende Bilder registriert. Die Klärung des Erkenntnisprozesses bedarf daher komplexer Modelle für die Beziehung zwischen Bewußtsein und Sein, zumal wenn man berücksichtigt, daß es Erkenntnisse von hohem Allgemeinheitsgrad gibt, die sich schwerlich auf sinnliche Erfahrung zurückführen lassen.

Die an deutschen Universitäten derzeit anzutreffenden erkenntnistheoretischen Positionen sind vielfältig. Eine immer noch starke Fraktion stellt der Neukantianismus dar, der die theoretische Philosophie Kants weiterentwickelt hat. Dazu zählt insbesondere der in Deutschland verbreitete Interpretationismus, für den die Welt nicht aus Tatsachen, sondern aus Deutungen von Tatsachen besteht. Die bedeutendsten erkenntnistheoretischen Positionen kommen allerdings aus Amerika. Als Beispiele seien Nelson Goodmans Philosophie der Welterzeugung, Hilary Putnams «Interner Realismus», Richard Rortys Pragmatismus und der Intentionalismus von John R. Searle angeführt. Die genannten Positionen sprengen in vieler Hinsicht den engen Kreis der erkenntnistheoretischen Fragestellung und verstehen sich selbst zumeist als Beiträge zur «Philosophie des Geistes». Das ist die heute gängige Bezeichnung für die anglo-amerikanische Variante der Erkenntnistheorie, die in der Tradition von Gilbert Ryles (1919–1976) «Der Begriff des Geistes» (1949) steht.

Die Ausweitung der erkenntnistheoretischen Fragestellung umfaßt Logik und Sprachphilosophie, so daß die Grenzen nicht immer scharf zu ziehen sind. Dabei spielen insbesondere W. V. von Quine und Wittgenstein eine zentrale Rolle. Ferner ist die Kognitionswissenschaft zu nennen, die sich an empirischen Wissenschaften, insbesondere an der Biologie bzw. an der Neurobiologie orientiert. Die biologische Orientierung prägt die «evolutionäre Erkenntnistheorie», die alle Formen der Erkenntnis als Resultat der Anpassung des Organismus an seine Umwelt interpretiert. Die Neurobiologie ist auch eine wichtige Stütze für den Konstruktivismus, der in der erkenntnistheoretischen Diskussion derzeit die stärkste Beachtung findet. In seiner radikalsten Form hält der Konstruktivismus Erkenntnis für Hervorbringungen des Geistes, die nichts mit einer für sich bestehenden Wirklichkeit zu tun haben, sondern nur zweckmäßiges Handeln ermöglichen. Hieran knüpft die Theorie der Künstlichen Intelligenz (KI; engl. AI von *Artificial Intelligence*). Die Künstliche Intelligenz interpretiert Erkenntnis nach dem Computermodell des Geistes. Die gemäßigtere Richtung des Konstruktivismus, der in Deutschland dominierende «methodische Konstruktivismus», hält sich dagegen mehr an die Tradition der Wissenschaftstheorie. Allerdings ist unverkennbar, daß die wissenschaftstheoretische Orientierung der Erkenntnistheorie heutzutage einer mehr bewußtseinstheoretischen und semiotischen Ausrichtung weicht.

Um auf diesem komplex und unübersichtlich gewordenen Gebiet der theoretischen Philosophie Orientierung zu gewinnen, müssen wir noch einmal einen kurzen historischen Rückblick auf die Geschichte der Erkenntnistheorie werfen. Die Bezeichnung «Erkenntnistheorie» und damit ihre Ausbildung zu einer selbständigen philosophischen Disziplin ist relativ jungen Datums. Sie fällt ins 19. Jahrhundert. Der Aufstieg der Erkenntnistheorie hängt mit dem Abstieg der Metaphysik zusammen. Denn die Erkenntnistheorie sieht ihre Aufgabe darin, den metaphysischen Zugang zum «Sein» der Welt einer strengen Kontrolle zu unterwerfen. Bevor man vom «Sein» reden kann, muß man sich nach Überzeugung der Erkenntnistheoretiker Rechenschaft darüber ablegen, welche Formen des Zugangs dem Menschen zur Verfügung stehen. Ist es dem Menschen möglich, über die reinen Tatsachenwahrheiten hinaus Aussagen über den allgemeinen Charakter des Seins zu machen, wie es die Metaphysik behauptet?

Wenn Erkenntnistheorie in der spezifischen Form auch erst im 19. Jahrhundert entstanden ist, so beschäftigt das Thema die Philosophie seit ihren Anfängen. Schon Platon unterscheidet rein aus der Vernunft entsprungene Wahrheiten von empirischen Erkenntnissen. Vorbild für die Vernunftwahrheiten, denen Allgemeinheit und Notwendigkeit zukommt, sind für ihn die Sätze der Mathematik. «Geometrie ist Erkenntnis des ewig Seienden», heißt es in Platons «Staat». In seiner Ideenlehre erhebt Platon die Inhalte der Vernunfterkenntnis zu idealen Wesenheiten, die der Veränderlichkeit entzogen sind. Wie Platon es in seinem berühmten Höhlengleichnis darstellt, nehmen die Menschen nicht Ideen wahr, sondern nur deren Schatten. Empirische Begriffe interpretiert Platon als Abbilder der Ideen, und insofern heißt für ihn Erkenntnis «Teilhabe» der Vernunft an einem übersinnlichen Reich idealer Gegenstände. Sein Schüler Aristoteles hat die Ideenlehre in Richtung auf mehr Realismus uminterpretiert. Noch einen Schritt weiter gehen die antiken Atomisten Demokrit (ca. 460–370 v. Chr.) und Epikur (342–271 v. Chr.), denn sie leugnen jede über die Erfahrung hinausreichende Erkenntnis. Die spätantiken Skeptiker (z. B. Sextus Empiricus, ca. 200–250 n. Chr.) schließlich vertreten die Meinung, daß in der Frage, ob der Mensch die Wahrheit erkennen kann, keine Entscheidung möglich sei. Daher ist für sie die «Zurückhaltung des Urteils», die sog. Epoché, der Weisheit letzter Schluß.

Damit zeichnen sich schon in der antiken Philosophie die erkenntnistheoretischen Grundpositionen ab, die sich in der Geschichte durchgehalten haben. Im mittelalterlichen Universalienstreit, in dem es um den Status der Allgemeinbegriffe geht, stehen sich Realisten und Nominalisten gegenüber. Die Realisten behaupten in Anlehnung an Platons Ideenlehre, daß die Allgemeinbegriffe überempirische Realität besitzen; die Nominalisten dagegen halten die Wahrnehmungen für die einzige Wirklichkeit und sehen in den Allgemeinbegriffen bloße Namen. In der Neuzeit stehen sich Rationalisten und Empiristen gegenüber. Die Rationalisten, allen voran Descartes und Leibniz, verteidigen die reine Vernunfterkenntnis; die Empiristen dagegen, vertreten durch Francis Bacon (1561–1626) und John Locke (1632–1704), führen alle Erkenntnis auf sinnliche Erfahrung zurück. David Hume (1711–1776) schließlich vertritt eine skeptische Position. Er erkennt den Allgemeinheitsanspruch wissenschaftlicher Sätze zwar an, führt diesen aber psychologisch auf Denkgewohnheiten zurück.

Das ist der Punkt, an dem Kants «Kritik der reinen Vernunft» einsetzt, die das Fundament für die moderne Erkenntnistheorie gelegt hat. Kant prägt den Begriff des «synthetischen Urteils *a priori*», womit vor der Erfahrung liegende allgemeine Aussagen gemeint sind. Das bekannteste Beispiel eines solchen Urteils ist das Kausalgesetz, das besagt, daß jede Veränderung eines Zustands eine Ursache in der Zeit hat. Die entscheidende erkenntnistheoretische Frage Kants lautet nun, wie sich derartige Urteile auf Gegenstände der Erfahrung beziehen können. Zur Illustration seien einige Sätze aus einem der schwersten Abschnitte der «Kritik der reinen Vernunft» zitiert, aus der «Deduktion der reinen Verstandesbegriffe». So dunkel und umstritten dieses Lehrstück Kants auch ist, die Mühe lohnt, sich ein Textstück näher anzuschauen:

Unter den mancherlei Begriffen aber, die das sehr vermischte Gewebe der menschlichen Erkenntnis ausmachen, gibt es einige, die zum reinen Gebrauch a priori (völlig unabhängig von aller Erfahrung) bestimmt sind, und dieser ihre Befugnis bedarf jederzeit einer Deduktion; weil zu der Rechtmäßigkeit eines solchen Gebrauchs Beweise aus der Erfahrung nicht hinreichend sind, man aber doch wissen muß, wie diese Begriffe sich auf Objekte beziehen können, die sie doch aus keiner Erfahrung hernehmen. Ich nenne daher die Erklärung der Art, wie sich Begriffe a priori auf Gegenstände beziehen können, die transzendentale Deduktion derselben, und unterscheide sie von der empirischen Deduktion, welche die Art anzeigt, wie ein Begriff durch Erfahrung und Reflexion über dieselbe erworben worden, und daher nicht die Rechtmäßigkeit, sondern das Faktum betrifft, wodurch der Besitz entsprungen. (KrV B, S. 117)

Trotz ihres hohen Reflexionsniveaus bedarf diese Passage kaum großer Erläuterungen. Lediglich die Begriffe «Deduktion» und «transzendental» sind erklärungsbedürftig. Unter Deduktion versteht Kant in Anlehnung an den Sprachgebrauch der Juristen die Einordnung eines konkreten Falls unter ein allgemeines Gesetz. «Transzendental» heißt die Deduktion deshalb, weil sie sich auf die allgemeinen Formen des Denkens oder die Kategorien bezieht, die jeder empirischen Erkenntnis zugrunde liegen und sie insofern erst möglich machen. In welcher Weise nun eine solche Ableitung reiner Erkenntnisformen aus der Struktur der menschlichen Vernunft durchführbar ist, erläutert Kant an einer anderen Stelle seiner «Deduktion der reinen Verstandesbegriffe», die trotz ihrer Schwierigkeit auch dem ungeübten Leser nicht unverständlich bleiben wird:

Es sind nur zwei Fälle möglich, unter denen synthetische Vorstellungen und ihre Gegenstände zusammentreffen, sich aufeinander notwendigerweise beziehen und gleichsam einander begegnen können. Entweder wenn der Gegenstand die Vorstellung, oder diese den Gegenstand allein möglich macht. Ist das erstere, so ist diese Beziehung nur empirisch, und die Vorstellung ist niemals a priori möglich. Und dies ist der Fall mit Erscheinungen in Ansehung dessen, was an ihnen zur Empfindung gehört. Ist aber das zweite, weil Vorstellung an sich selbst (denn von deren Kausalität, vermittels des Willens, ist hier gar nicht die Rede) ihren Gegenstand dem Dasein nach nicht hervorbringt, so ist doch die Vorstellung in Ansehung des Gegenstandes alsdann a priori bestimmend, wenn durch sie allein es möglich ist, etwas als einen Gegenstand zu erkennen. (KrV B, S. 124 f)

61

Hier formuliert Kant in schulmäßiger Sprache das, was unter dem Stichwort «kopernikanische Wende» bekannt ist. Sie besagt, daß die Gegenstände sich nach der menschlichen Erkenntnis richten, oder in noch stärkerer kantischer Formulierung, daß die Vernunft der Natur die Gesetze «vorschreibt». Wie Kant die gesetzmäßige Bestimmung der Vorstellungen, die er «Synthesis» nennt, aus der Einheit des Selbstbewußtseins erklärt, gehört zu den umstrittenen Teilen seiner Transzendentalphilosophie. Denn gegen die Synthesislehre, der zufolge die Leistung der Vernunft im Zusammenfügen von Vorstellungen gesehen wird, spricht schon die einfachste Wahrnehmung. Sie lehrt nämlich, daß Bestimmen kein synthetischer, sondern ein analytischer Vorgang ist, der darin besteht, einen unbestimmten Gesamteindruck gegenständlich zu gliedern. Auch das Selbstbewußtsein, von dem es in Kants berühmter Formulierung heißt: «Das: Ich denke, muß alle meine Vorstellungen begleiten können», hat nichts mit Akten der Synthesis zu tun. Jedenfalls ist Kants Formel ein rein analytischer Satz, der die triviale Tatsache beinhaltet, daß meine Vorstellungen mir gehören.

Damit sind wir unversehens in die Untiefen der Kant-Interpretation geraten, mit denen jeder Bekanntschaft machen wird, der Erkenntnistheorie studiert. Ganze Generationen haben sich mit dem Verständnis der «Kritik der reinen Vernunft» abgeplagt, und ein Ende ist nicht abzusehen. Man kann daraus entnehmen, daß der Schwierigkeitsgrad einer Philosophie ihrem Erfolg nicht abträglich sein muß. Denn ausschlaggebend ist für die Wirkung die Richtung des Denkens. Trotz aller Einschränkung der Erkenntnis auf die Erfahrung schreibt Kant der menschlichen Vernunft eine schöpferische Leistung im Erkenntnisprozeß zu. Das schmeichelt dem menschlichen Selbstbewußtsein. Nach Kant konnte sich der Mensch als zweiter Gott fühlen. Das hat im Deutschen Idealismus zu merkwürdigen Konsequenzen geführt. So begreift Fichte das Ich als «Tathandlung», die zusammen mit der Welt sich selbst setzt. Hier mündet die Erkenntnistheorie allerdings wieder in Metaphysik ein, deren Überwindung Kants «Kritik der reinen Vernunft» sich zum Ziel gesetzt hatte.

Im 19. Jahrhundert ist die Entwicklung der Erkenntnistheorie durch eine Neuauflage der Opposition von Empirismus und Rationalismus geprägt. Letzterer nimmt bei Hegel die Form eines «objektiven Idealismus» an. Der Empirismus dagegen, der sich im Anschluß an Auguste Comte (1798–1857) «Positivismus» nennt, wird in England von John Stuart Mill vertreten. Im deutschsprachigen Raum dominiert gegen Ende des 19. Jahrhunderts der Positivismus von Ernst Mach (1838–1916). Im Anschluß an den Sensualismus von George Berkeley (1684–1753) entwickelt Mach ein biologistisches Modell der Erkenntnis. Danach werden Sinnesempfindungen gemäß dem Ökonomieprinzip zu Bildern zusammengefaßt, die dem Organismus Orientierung in unbekannter Umgebung ermöglichen. Damit kommt ein instrumentalistischer Zug in die Erkenntnistheorie, aufgrund dessen die Objektivität der Begriffe durch ihren praktischen Erfolg begründet wird, den man bei ihrer Verwendung erzielt. Auf dieser Linie bewegt sich auch die Erkenntnistheorie des amerikanischen Pragmatismus, der die Bedeutung von Begriffen an den Folgen ihrer Anwendung mißt.

Auf der pragmatischen Linie liegen zunächst auch die Neukantianer, die sich dann aber wieder stärker dem Apriorismus zuwenden. In einzelnen Punkten weichen die Neukantianer von Kant ab, so in der Unterscheidung zwischen Erscheinung und Ding an sich sowie in der Trennung von Anschauungsformen und Denkformen. Im allgemeinen aber halten sie am Prinzip der Synthesis fest, das auf alle Formen und Funktionen des menschlichen Geistes ausgedehnt wird. Dadurch ergeben sich Tendenzen zum Fiktionalismus, der in extremer Form in Hans Vaihingers (1852–1933) «Philosophie des Als-Ob» (1911) zutage tritt. Einen plastischen Eindruck vom erkenntnistheoretischen Fiktionalismus vermittelt auch Nietzsches heutzutage viel zitierte Schrift «Über Wahrheit und Lüge im außermoralischen Sinn».

Die verschiedenen und einander widerstreitenden erkenntnistheoretischen Strömungen des ausgehenden 19. Jahrhunderts werden zu Beginn des 20. Jahrhunderts von der Phänomenologie Edmund Husserls noch einmal zu einer eindrucksvollen Synthese gebracht. Zwischen Positivismus und Idealismus vermittelnd, gelingt es der Phänomenologie, den Begriff des internationalen Bewußtseins zu entwickeln, der zu neuen Einsichten in die Strukturen der menschlichen Erkenntnis verholfen hat. Obwohl Husserl seine eigenen erkenntnistheoretischen Einsichten in einer heute kaum mehr akzeptablen Weise überinterpretiert, hat sich die Phänomenologie für die weitere Entwicklung der Erkenntnistheorie als äußerst fruchtbar erwiesen. Die zu Beginn dieses Kapitels geschilderte gegenwärtige Lage der Erkenntnistheorie, insbesondere die Ausbreitung der verschiedenen Spielarten des Konstruktivismus, wäre ohne den starken Einfluß der Phänomenologie nicht denkbar. Allerdings zeichnet sich immer stärker ab, daß die erkenntnistheoretische Frage nach der Beziehung von Vorstellungen auf Objekte an ihre Grenzen stößt. Besteht für Husserl das Erkenntnisproblem noch darin, wie das Bewußtsein über sich hinaus zu den Gegenständen gelangt, so stellt sich mit zunehmender Medialisierung der Welt die Frage, ob die Unterscheidung zwischen Bewußtsein und Gegenstand überhaupt noch sinnvoll ist. Damit eröffnen sich Perspektiven für eine mögliche Transformation der Erkenntnistheorie in Zeichentheorie und Medienforschung. Warum sollte es der Erkenntnistheorie auf die Dauer anders ergehen als der Metaphysik, deren legitime Nachfolge sie angetreten hat? Aber bis die akademische Philosophie diesen Schritt vollzogen hat, wird wohl noch einige Zeit vergehen.

4. Sachgebiete der praktischen Philosophie

Nachdem wir die drei großen Gebiete der theoretischen Philosophie durchlaufen haben, können wir uns nun der praktischen Philosophie zuwenden. Die Zweiteilung in theoretische und praktische Philosophie hat sich seit Kant eingebürgert. Für den Laien mag diese Bezeichnung insofern mißverständlich sein, als sie den Eindruck erwecken könnte, es handle sich um theoretisches Wissen auf der einen und seine praktische Anwendung auf der anderen Seite. Das ist aber nicht der Fall. Denn die Begriffe «theoretisch» und «praktisch» bezeichnen lediglich zwei verschiedene Wissensbereiche, nämlich den Bereich der Naturgesetzlichkeit und den der Handlungsfreiheit. Insofern ist jede Philosophie theoretisch, auch die praktische, nur daß diese es mit den Normen menschlichen Handelns zu tun hat. Philosophische Praktika kann es daher an der Universität nicht geben. Die einzige und eigentliche Praxis der Philosophie ist und bleibt die Theorie. Wenn der Philosophie der häufig berechtigte Vorwurf gemacht wird, sie verfehle die Praxis, so kann das nur heißen, daß ihre Theorien nicht gut genug sind, um auf die Wirklichkeit Anwendung zu finden.

Ethik

Wie die theoretische ist auch die praktische Philosophie ihrerseits vielfältig unterteilt. Im Mittelpunkt der praktischen Philosophie steht heute die Moralphilosophie oder Ethik. Ein äußeres Zeichen dafür ist die Abspaltung der Ethik, die durch die Einrichtung als Schulfach der Philosophie an den Universitäten den Rang abzulaufen droht. Ob Ethik in Zukunft ohne den breiten Hintergrund der Philosophie studiert werden kann, ist allerdings zweifelhaft. Im Ethikstudium wird nämlich immer deutlicher, daß man moralische

Normen kaum ohne Bezugnahme auf die psychologischen und sozialen Gegebenheiten des Lebens begründen kann. Das aber führt zwangsläufig ins Gebiet der theoretischen Philosophie zurück, nämlich zu den Themen Sein und Bewußtsein. Ohne eine Klärung dieser Begriffe kann man sich keine rechte Vorstellung davon machen, was «moralisch gut» bedeutet. Wenn auch immer wieder der von Kant behauptete «Primat der praktischen Vernunft» zur Begründung der Selbständigkeit des Faches Ethik angeführt wird, sollten die Studierenden den Faden zur theoretischen Philosophie nicht abreißen lassen. Jedenfalls muß Ethik in einen breiten Kontext theoretischer Philosophie eingebettet sein, um auf Dauer das Bedürfnis nach moralischer Orientierung zu befriedigen.

Die Ethik beschreibt nicht, wie Menschen sich verhalten – das ist Gegenstand der Psychologie oder Soziologie –, sondern sie bewertet menschliches Tun und Lassen moralisch. Zur moralischen Bewertung hat die Ethik Maßstäbe entwickelt, die je nach den metaphysischen Positionen variieren und somit der historischen Veränderung unterliegen. Es macht nämlich einen Unterschied, ob ein antiker Philosoph sich hinsichtlich der moralischen Prinzipien an der kosmischen Ordnung orientiert oder ob ein christlicher Philosoph «gut» und «böse» an der Gottesebenbildlichkeit des Menschen mißt. Trotz unterschiedlicher Prinzipien stimmen die Moralphilosophen in den Grundwerten im großen und ganzen überein, namentlich bei den Verboten zu töten und zu lügen. Die moralischen Maßstäbe entsprechen überdies den anerkannten Wertvorstellungen, so daß die Studierenden vom Ethikstudium keine neuen Zielsetzungen für ihr Handeln zu erwarten haben. Gegenstand der Ethik ist vielmehr die begriffliche Klärung und Begründung unserer herkömmlichen Wertvorstellungen. Daher sollte auch niemand glauben, er könne allein durch das Ethikstudium ein moralisch guter Mensch werden oder andere zu besseren Menschen erziehen. Allerdings wird das moralische Bewußtsein geschärft, was zur Stärkung des Verantwortungsgefühls führen, aber durchaus auch in Moralskepsis enden kann. Doch selbst eine kritische Einstellung gegenüber moralischen Forderungen wäre eine

Rechtfertigung der Ethik als Studienfach, da eine realistische Einschätzung der menschlichen Natur eine wichtige Voraussetzung für moralisches Handeln ist.

Von den Hauptthemen und zentralen Begriffen, die gegenwärtig in der Ethik behandelt werden, sind zu nennen: Verantwortung, Gerechtigkeit und Solidarität. Sie gehören zu den moralischen Werten, die von der Pflichtethik definiert und begründet werden. Die Pflichtethik setzt sich zum Ziel, unbedingt und universal gültige Normen des Handelns aufzustellen, deren Befolgung zur Realisierung der genannten moralischen Werte führt. Dabei geht jedoch der Universalismus der strengen Pflichtethik so weit, das Pflichtbewußtsein selbst zum höchsten moralischen Wert zu erklären. Das ist die Position von Kant, die das moralische Bewußtsein in Deutschland über Generationen geprägt hat. Damit Moralität aber nicht im luftleeren Raum schwebt, muß die Ethik auch die natürlichen Neigungen und Bedürfnisse der Menschen berücksichtigen. Das erfolgt unter den Begriffen «Glück», «Hoffnung», «Gelassenheit», aber auch «Lust», die den unhintergehbaren subjektiven Maßstab jeder moralischen Bewertung bildet.

Der Normenbegründung stehen verschiedene Varianten angewandter Ethik gegenüber. Als Stichworte seien hier nur genannt: Menschenrechte, Datenschutz, Gentechnik, Ökologie und Sterbehilfe. Der Anwendungsvielfalt entspricht eine Tendenz zum ethischen Pluralismus, der Moral und Gerechtigkeit nach bestimmten sozialen Sphären unterteilt: Individuum, Familie, Gesellschaft, Staat usw. Pluralismus heißt aber nicht notwendig Relativismus, sondern ist der Versuch, konkurrierende Geltungsansprüche gegeneinander abzuwägen. Als Zielstellung zeichnet sich zunehmend ein globaler Ausgleich ab, der kulturelle Verschiedenheiten soweit wie möglich berücksichtigt. Der multikulturelle Ansatz stellt zweifellos eine Bereicherung der Ethik dar und läßt erwarten, daß das Gebiet der praktischen Philosophie gegenüber dem der theoretischen Philosophie sich noch weiter ausdehnen wird.

Wer von der Ethik mehr als Lebenskunst erwartet, wie sie in

populärwissenschaftlichen Büchern angepriesen wird, der kommt nicht umhin, sich einen Überblick über die Geschichte der Ethik zu verschaffen. Diese läßt sich grob in vier Epochen einteilen, deren jeweilige Hauptvertreter noch heute zum Kanon des Ethikstudiums gehören: Antike, christliches Mittelalter, Kantischer Formalismus und materiale Wertethiken der Moderne. Zu den letzteren zählt die Diskursethik, die zumindest an deutschen Universitäten derzeit zu den meistdiskutierten Positionen gehört.

Die antike Ethik besitzt einen stark ausgeprägten praktischen Lebensbezug. Sie steht unter dem Leitbegriff des Glücks als eines Zustands, der subjektiv Lust bedeutet und objektiv die Anerkennung seitens der anderen Menschen beinhaltet. Diese kurz «Eudämonismus» genannte Position geht auf Aristoteles zurück, dessen moralischer Realitätssinn noch heute beeindruckt. Die «Nikomachische Ethik» von Aristoteles gehört daher zu den beliebten Klassikern des Ethikstudiums, aus denen man viel für die gelebte Moral lernen kann. Allerdings wird darüber häufig vergessen, daß es in der Spätantike zwei andere bedeutende ethische Schulen gab, die der Stoiker und diejenige Epikurs. Die Stoiker vertreten das Ideal des Weisen, der die Affekte bezwingt und in Übereinstimmung mit sich selbst lebt, Epikur plädiert für ein Leben in Zurückgezogenheit, das den Menschen von äußeren Umständen unabhängig macht. Insbesondere die epikureische Ethik, welche die sinnliche Lust für das einzige hält, was die Menschen um ihrer selbst willen erstreben, wird heutzutage eher stiefmütterlich behandelt. Das ist insofern bedenklich, als gerade die epikureische Ethik Elemente enthält, die für das Verständnis des Wertewandels in unserer Erlebnisgesellschaft und für den Aufbau einer zeitgemäßen Moral hilfreich sein könnten.

Die Ausgrenzung der epikureischen Ethik geht auf die christlichen Moralphilosophen des Mittelalters zurück, die sich von asketischen Idealen leiten lassen und die jenseitige Glückseligkeit zum höchsten Gut erheben. Auch Kant, der die Person oder den Menschen als «Zweck an sich» auffaßt, knüpft mit seiner Teilung des Menschen in ein sinnliches und ein rein geistiges Wesen an die christliche Tradition an. Er unterscheidet sich aber von ihr dadurch, daß er die Moralität vom Willen Gottes abkoppelt und sie der Selbstbestimmung der menschlichen Vernunft zuschreibt. Das geschieht in der Weise, daß Kant einen rein formalen Gesetzesbegriff zum Kriterium moralischen Handelns macht. Nicht die Folgen des Handelns, sondern die Widerspruchsfreiheit des Wollens, das heißt die «Form» des Willens, ist entscheidend. Der Formalismus findet seinen Ausdruck im berühmten «Kategorischen Imperativ», den Kant von sogenannten «hypothetischen Imperativen» unterscheidet. Hypothetische Imperative sagen, was zu tun ist, wenn man einen bestimmten Zweck erreichen will. Der Kategorische Imperativ hingegen gilt immer:

> Der kategorische Imperativ ist also ein einziger und zwar dieser: handle nur nach derjenigen Maxime, durch die du zugleich wollen kannst, daß sie ein allgemeines Gesetz werde. (Grundlegung zur Metaphysik der Sitten, S. 421)

Man muß diese Formulierung mehrere Male lesen, um ihren Sinn zu verstehen und sie im Gedächtnis behalten zu können. Die Schwierigkeit hat den durchschlagenden Erfolg der Pflichtethik Kants aber nicht geschmälert. Im Gegenteil: Ohne Bezug auf den Kategorischen Imperativ ist ethisches Argumentieren kaum noch denkbar. An den meisten deutschen Universitäten ist Kants Lehre im Ethikunterricht unverhältnismäßig stark vertreten. So kommt es, daß die anderen Moralphilosophien vornehmlich durch die Brille Kants betrachtet werden und damit in seinem Schatten stehen. Das trifft beispielsweise für Baruch de Spinoza (1632–1677) zu, dessen «Ethik» die Rolle der Einbildungskraft im Umgang mit den Affekten in einer Weise beleuchtet, die heute mehr denn je Aktualität besitzt. Die Vorliebe der deutschen Universitätsphilosophen für Kant darf allerdings nicht darüber hinwegtäuschen, daß Teile seiner Moralphilosophie, vornehmlich seine ausgeprägt juristische Denkweise, unseren gegenwärtigen Wertvorstellungen kaum noch gerecht werden. Wer dem Formalismus Kants noch bedingungslos folgt, läuft Gefahr, die Lebenswirklichkeit zu verfehlen, da die Vielfalt der Lebensformen sich nicht in ein einziges absolut gültiges Prinzip pressen läßt.

An der Abstraktheit des Kategorischen Imperativs hat schon Arthur Schopenhauer Anstoß genommen, der gegen Kant die Meinung vertritt, daß eine auf formalen Vernunftprinzipien gegründete Pflichtethik angesichts der sinnlichen und emotionalen Natur des Menschen verfehlt ist. Schopenhauer hat daraus die Konsequenz gezogen, auf eine moralische Normen vorschreibende oder präskriptive Ethik ganz zu verzichten. Die Aufgabe einer Ethik sieht er darin, den Menschen durch philosophische Reflexion eine neue Sicht auf die Welt zu eröffnen, die sie von ihrem Egoismus erlöst und dem natürlichen Gefühl des Mitleids mit allen Kreaturen Raum gibt.

Einflußreicher als Schopenhauers Mitleidsethik ist gegenwärtig die Ethik des Utilitarismus, die in ihrer klassischen Form von John Stuart Mill vertreten wird. In seiner Schrift «Der Utilitarismus» (1863), die im angelsächsischen Sprachraum zu den meistgelesenen moralphilosophischen Texten gehört, schließt sich Mill dem Kategorischen Imperativ Kants an, gibt ihm aber eine andere Begründung. Er sieht darin die allgemeine Regel, nach der die Menschen ihr Handeln so einrichten sollen, daß ihr individuelles Glück mit dem allgemeinen Glück zusammenstimmt. Das ist nur möglich, wenn der einzelne auf einen Teil seiner Lustbefriedigung zugunsten der Allgemeinheit verzichtet, ein Verzicht, der indirekt auch dem Verzichtenden selbst zugute kommt. Unter Bezug auf die «Metaphysik der Sitten» von Kant schreibt Mill:

Dieser außerordentliche Mann, dessen Gedankengebäude noch lange Zeit als einer der Höhepunkte in der Geschichte des philosophischen Denkens gelten wird, stellt in der genannten Abhandlung einen allgemeinen Grundsatz als Ursprung und Prinzip aller sittlichen Verpflichtung auf, nämlich «Handle so, daß die Regel deines Handelns von allen vernünftigen Wesen als Gesetz angenommen werden kann». Sobald er es jedoch unternimmt, aus dieser Regel einige konkrete moralische Pflichten herzuleiten, mißlingt ihm in geradezu grotesker Weise der Nachweis, daß darin, daß alle vernünftigen Wesen nach den denkbar unmoralischsten Verhaltensnormen handeln, irgendein Widerspruch, irgendeine logische oder auch nur physische Unmöglichkeit liegt. Was er zeigt, ist eigentlich das, daß die Folgen einer allgemeinen Befolgung dieser Normen derart wären, daß jedermann von ihnen verschont bleiben wollte. (Der Utilitarismus, S. 8)

Die Folgenabschätzung reicht denjenigen, die an ein «Gutes an sich» glauben, als Fundament für moralische Normen allerdings nicht aus. Daher genießt der Utilitarismus an deutschen Universitäten keinen guten Ruf. Doch ist nicht zu übersehen, daß manches, was an Mill getadelt wird, in veränderter Form in die gegenwärtigen Bemühungen einfließt, den Kantischen Formalismus zu konkretisieren und die Ethik wirklichkeitsnäher zu machen.

Dieser Tendenz verdankt die Diskursethik von Karl-Otto Apel und Jürgen Habermas ihren durchschlagenden Erfolg. Sie verbindet Kantische Prinzipien mit pragmatischen Folgeerwägungen, so daß die Begründung moralischer Normen mit Erwägungen psychologischer und sozialer Natur verknüpft wird. Dieses Vorgehen verleiht der Diskursethik eine kulturkritische Dimension, die ihr gerade in unserer Zeit des Wertewandels besondere Aktualität verleiht. Sosehr daher auch von kirchlicher Seite über den angeblichen Immoralismus der Ethikausbildung an Schulen und Universitäten geklagt wird, auf kaum einem anderen Gebiet der Philosophie wird mit so viel Ernsthaftigkeit um die Begründung und Anwendung zeitgemäßer Normen gerungen wie in der Ethik.

Politische Philosophie

Neben der Ethik gehören zur praktischen Philosophie im weitesten Sinn politische Philosophie, Rechtsphilosophie, Geschichtsphilosophie und philosophische Anthropologie, um nur die wichtigsten zu nennen. Die Abgrenzung gegenüber den entsprechenden Fachwissenschaften fällt nicht immer leicht. Generell kann man sagen, daß die genannten Philosophien sich hauptsächlich mit den Grundbegriffen der einzelnen Gebiete befassen. In unserem Zeitalter der

Globalisierung und der damit einhergehenden Auflösung der Nationalstaaten hat es politische Philosophie zunehmend mit Strukturfragen zu tun. Sie betreffen das Zusammenspiel von Real- und Idealfaktoren gesellschaftlicher Ordnungen und ihre Steuerbarkeit durch staatliche Institutionen. Konkreter ausgedrückt, fällt darunter die aktuelle Frage, inwieweit wirtschaftliche Faktoren unsere demokratische Grundordnung unterlaufen. Damit verbunden ist eine Neubestimmung des Verhältnisses von Innen- und Außenpolitik, die sich nicht mehr wie in vergangenen Zeiten klar trennen lassen. Indiz dafür, daß die Strukturprobleme praktisch, aber auch theoretisch noch ungelöst sind, ist die viel beklagte «Politikverdrossenheit», ein Thema, das immer stärker zum eigentlichen Gegenstand der politischen Philosophie zu werden scheint.

Die hier sehr abstrakt umrissene Lage der politischen Philosophie ist das Resultat einer langen Entwicklung. In der Antike gehören Politik und Staatslehre bei Platon sowie bei Aristoteles zu den zentralen Gebieten der praktischen Philosophie. Hauptthema sind die Regierungsformen und ihre Auswirkungen auf das gesellschaftliche Leben. Im Mittelalter rückt unter dem Einfluß der Theologie die Frage nach der Legitimität von Herrschaft in den Mittelpunkt des Interesses. In der Neuzeit schließlich geht es vornehmlich um die Instrumente der Machtausübung, eine Thematik, die mit Machiavellis Schrift «Über den Fürsten» beginnt und in unserem Jahrhundert in der Freund-Feind-Theorie von Carl Schmitt (1888–1985) endet. Meilensteine in der Geschichte der politischen Philosophie der Neuzeit sind «Der Leviathan» von Thomas Hobbes (1588–1679) sowie das Werk «Vom Geist der Gesetze» von Charles Montesquieu (1689–1755) und natürlich auch die Schrift «Über den Gesellschaftsvertrag» von Jean-Jacques Rousseau. Sein «Gesellschaftsvertrag» steht am Anfang des modernen Demokratieverständnisses, und alle nachfolgenden Denker von Kant über Hegel bis zu John Rawls beziehen sich mehr oder weniger ausdrücklich auf Jean-Jacques Rousseau (1712–1778).

Im 19. Jahrhundert nimmt die politische Philosophie zunehmend die Form einer «politischen Ökonomie» an, zu deren Vätern

Adam Smith zählt. Im Zusammenhang damit entwickeln sich kommunistische und sozialistische Gesellschaftstheorien, die seit der russischen Oktoberrevolution von 1917 die politische Realität unseres Jahrhunderts entscheidend mitbestimmt haben. Eine nicht dogmatische Variante des Marxismus vertritt Ernst Bloch (1885–1977), der in seinem Werk «Vom Geist der Utopie» (1918) Sozialismus und Theologie der Erlösung verbindet. Gegenwärtig wird die politische Philosophie von der Kontroverse zwischen Liberalismus und Kommunitarismus beherrscht. Als Kommunitaristen verstehen sich Denker wie Charles Taylor und Alasdair MacIntyre, die dem Individualismus der Liberalen traditionelle Gemeinschaftswerte wie Familie und Natur entgegenstellen. Die Kontroverse bezieht ihre Aktualität aus der Frage nach dem Verhältnis von Moral und Politik. Dem Ruf nach politischer Moral oder, wie es in Amerika heißt, nach «politischer Korrektheit» steht das Gespenst des moralischen Fanatismus gegenüber, der in faschistischen und kommunistischen Diktaturen seine verheerenden Folgen gezeitigt hat.

Rechtsphilosophie

Die Probleme der politischen Philosophie leiten auf das zweite Gebiet über, auf die Rechtsphilosophie. Die aktuelle Diskussion der Rechtsphilosophie betrifft die Frage nach dem Status der Menschenrechte sowie die Frage, ob das Recht mehr auf die Täter oder mehr auf die Opfer ausgerichtet sein soll. Die Geschichte der Rechtsphilosophie läßt sich in groben Zügen als schrittweise Auflösung und Überwindung der antiken Naturrechtslehre darstellen. Bei den Stoikern und im Mittelalter herrschte der Gedanke vor, daß Recht und Gerechtigkeit ihren Grund in der menschlichen Natur haben. Hier hat Hobbes einen radikalen Einschnitt vollzogen mit dem Nachweis, daß die Idee des Naturrechts in sich widersprüchlich ist und durch den Vertragsgedanken ersetzt werden muß. Später hat der Vertragsgedanke seine liberale Ausgestaltung durch Rousseau und Kant gefunden, dem das Verdienst zukommt, klar zwischen Moral und Recht unterschieden zu haben. Hegel hat die Unterscheidung in seiner Rechtsphilosophie teilweise wieder aufgehoben. Seither geht der Streit darüber weiter, wie das Verhältnis von Recht und Moral zu bestimmen ist. Die gegenwärtig im akademischen Unterricht vielbehandelte «Theorie der Gerechtigkeit» von John Rawls liefert ein Beispiel dafür, wie eng auch auf vertragstheoretischer Grundlage Recht und Moral zusammengedacht werden können. Übrigens ist das auch ein Spiegel der zunehmenden Verrechtlichung unseres moralischen Lebens.

Philosophie der Geschichte

Als drittes großes Gebiet der praktischen Philosophie, das Elemente der politischen Philosophie und der Rechtsphilosophie verbindet, ist die Geschichtsphilosophie zu nennen. Ihre Entwicklung beginnt erst in der Neuzeit und läßt sich als schrittweise Überwindung des mittelalterlichen Geschichtsbildes bezeichnen. Die Geschichtstheologie betrachtete Geschichte als von Gott gelenkten Prozeß, die Geschichtsphilosophie dagegen erklärt den Menschen zum alleinigen Schöpfer der geschichtlichen Welt. Das besagt das Vico-Axiom, das der italienische Geschichtsphilosoph Giambattista Vico (1668–1744) in seiner «Neuen Wissenschaft» (1744) entwickelt hat. Auf dieser Linie liegen auch die Geschichtsphilosophien von Voltaire (von ihm stammt der Ausdruck «Philosophie der Geschichte») über Jean-Antoine-Nicolas de Condorcet (1743–1794) bis Karl Marx. In der Geschichtsphilosophie konkurrieren zwei Modelle der geschichtlichen Entwicklung: das zyklische Modell und das Fortschrittsmodell. Das einflußreichste Werk, das Anfang des 20. Jahrhunderts in Deutschland das Zyklenmodell verteidigt, ist Oswald Spenglers (1880–1936) «Der Untergang des Abendlandes».

Geschichtsphilosophie gehört nicht zu den Themen, die derzeit Konjunktur haben. Das liegt nicht zuletzt am Zusammenbruch der kommunistischen Staaten, deren Ideologie auf geschichtsphilosophischem Fundament ruhte. Hinzu kommt die Globalisierung, deren Theoretiker seit einiger Zeit das Ende der Geschichte verkünden. Damit werden Gedanken wieder aktuell, die schon im vorigen Jahrhundert von positivistisch ausgerichteten Denkern unter dem Stichwort «Posthistoire» entwickelt worden sind. Daran ist sicherlich soviel richtig, daß die Staaten unter dem Druck der Ökonomie und Technologie einem Zustand des Ausgleichs und der Vereinheitlichung zustreben. Aber das kann nicht darüber hinwegtäuschen, daß sich die geschichtlichen Bewegungen auf andere Ebenen verlagert haben. Nicht das Ende der Geschichte ist gekommen, sondern allenfalls das Ende des traditionellen geschichtlichen Wirklichkeitsbegriffs. Geschichte vollzieht sich nämlich immer weniger in Haupt- und Staatsaktionen; sie nimmt den Charakter von anonymen wirtschaftlichen und gesellschaftlichen Prozessen an, die sich nicht mehr in herkömmlicher Weise politisch steuern lassen. Insofern bleibt für die Geschichtsphilosophie durchaus genügend Stoff. Ihre vordringliche Aufgabe besteht gegenwärtig darin, einen neuen Begriff geschichtlicher Wirklichkeit zu entwickeln, der einer Theorie der Globalisierung als Fundament dienen kann.

Philosophische Anthropologie

Das letzte der hier zu behandelnden Gebiete der praktischen Philosophie ist die philosophische Anthropologie, die heute weitgehend als Ersatz für die Geschichtsphilosophie fungiert. Die mit der philosophischen Anthropologie verbundenen bewußtseinstheoretischen Perspektiven sind im ersten Kapitel bereits dargestellt worden. Zur Ergänzung sei hier noch angeführt, daß heute der Personenbegriff im Zentrum der anthropologischen Untersuchungen steht, die damit unmittelbare Bedeutung für die Ethik haben. Insbesondere betrifft das Fragen der Bioethik, die gegenwärtig die Öffentlichkeit stark beschäftigen. In der philosophischen Anthropologie der Gegenwart lassen sich verschiedene Tendenzen mit eindeutig weltanschaulichem Hintergrund unterscheiden. Prominent ist die dem christlichen Selbstverständnis verpflichtete Lehre von der unaufhebbaren Personalität des menschlichen Lebens. Den Gegenpol bildet eine darwinistisch orientierte Anthropologie, die einer «evolutionären Ethik» zugrunde liegt. Als Klassiker der modernen philosophischen Anthropologie ist das Werk «Der Mensch» von Arnold Gehlen zu nennen. Gehlen hat auf biologischer Grundlage eine Kulturanthropologie entwickelt, die auf allen Gebieten der praktischen Philosophie von großem Einfluß ist.

Ästhetik

Damit ist die Übersicht über das weite Feld der praktischen Philosophie noch nicht abgeschlossen. Es bleibt ein Gebiet übrig, das zwischen der theoretischen und der praktischen Philosophie liegt und als Brückendisziplin sich heute besonderer Beliebtheit erfreut: die Ästhetik. Die Konjunktur der Ästhetik ist ein Spiegel unserer Lebensformen, deren ausgeprägte Stilisierung eine philosophische Theorie und Rechtfertigung verlangt. Allerdings ist nicht zu übersehen, daß die Ästhetik als Lehre vom Schönen in ihrer traditionellen Form nicht mehr genügt, um die Ästhetisierung der Lebenswelt zu erfassen. Wieviel sich in dieser Hinsicht geändert hat, kann man am Beispiel der «Warenästhetik» ablesen, ein im Umkreis der marxistischen Theorie geläufiger Begriff, um die Kommerzialisierung der Kunst und die damit verbundene Zerstörung ihrer Autonomie zu kritisieren. Mit der Ästhetisierung unserer Lebenswelt hat der Begriff «Warenästhetik» den kritischen Klang heute weitgehend eingebüßt. In der Theorie der Postmoderne, die ihren Ursprung in der aufgelockerten Architektur der sechziger Jahre hat, verschwimmen die Grenzen zwischen hoher und niederer Kunst. Es ist kaum übertrieben, wenn man die These vertritt, die von Friedrich Schiller entwickelte Idee einer «ästhetischen Erziehung des Menschen» finde heute hauptsächlich auf der Ebene der Warenästhetik ihre Verwirklichung. Ihr wichtigster Faktor ist zweifellos die Mode geworden, deren identitätsstiftende Funktion nicht hoch genug eingeschätzt werden kann. Damit verlieren traditionelle ästhetische Wertmaßstäbe so weit an Bedeutung, daß sich die Kunst auf die Formel von der «Verklärung des Gewöhnlichen» bringen läßt.

Die Geschichte der Ästhetik als selbständiger Disziplin beginnt erst im 18. Jahrhundert mit Alexander Baumgarten, der die Kunst als «sinnliche Erkenntnis» definiert. In der weiteren Entwicklung lassen sich zwei Hauptstränge unterscheiden. Der eine ist durch Kants «Kritik der Urteilskraft» beeinflußt, deren erster Teil sich mit dem Kunst- und Naturschönen befaßt. Kant begreift das Schöne nicht als Eigenschaft der Objekte, sondern als Qualität des Urteils, dessen Allgemeinheitsanspruch vom Subjekt her begründet wird. Die andere Richtung ist durch die «Ästhetik» Hegels gekennzeichnet, der das Schöne als «sinnliches Scheinen der Idee» definiert hat. Diese ontologische Richtung mündet im 20. Jahrhundert in eine Werkästhetik, wie sie von Heidegger und seinem Schüler Hans-Georg Gadamer vertreten wird. Zwischen beiden Richtungen liegen zahlreiche Mischformen, die zu einer schrittweisen Ausweitung des Gebiets der ästhetischen Erfahrung geführt haben.

Der Universalitätsanspruch der ästhetischen Erfahrung spiegelt sich in der gegenwärtigen Diskussion um die Begriffe Ästhetik und «Aisthetik» (von griech. *aisthesis*, Wahrnehmung). «Aisthetik» lautet die von postmodernen Philosophen geprägte Bezeichnung für den ästhetischen Charakter jeder Wahrnehmung. Demgegenüber beharren die Vertreter der traditionellen Ästhetik auf einer Beschränkung des Begriffs auf die schönen Gegenstände der Kunst sowie der Natur. Von einer Ausweitung des Begriffs Ästhetik zu «Aisthetik» versprechen sich ihre Verfechter unter anderem eine Überwindung des traditionellen Dualismus von theoretischer und praktischer Philosophie. Ob «Aisthetik» dieser Aufgabe gerecht wird, bleibt allerdings abzuwarten. Wie immer die Kontroverse ausgehen mag, sie liefert einen eindrucksvollen Beweis dafür, daß auch in dürftiger Zeit philosophisches Denken noch in Bewegung ist und weite Kreise in seinen Bann zieht.

Wie man beim Studium der Sachgebiete vorgeht

Damit ist das Feld der philosophischen Gebiete, das gegenwärtig an Universitäten angetroffen wird, abgeschritten. Wer die beschwerliche Reise durch wahrscheinlich oft unbekanntes und unwegsames Gelände mitgemacht hat, sehnt sich vermutlich nach einer leichteren Beschäftigung. Warum soll ich mich mit so vielen Gebieten und deren verschlungenen Pfaden vertraut machen, um mit meinen eigenen Problemen am Ende nicht besser dazustehen als zuvor? – so ungefähr könnte der Stoßseufzer eines Anfängers nach der Lektüre der beiden letzten Kapitel lauten. Wer so klagt, dem sei zum Trost folgendes gesagt: Philosophische Denkformen sind der Spiegel der menschlichen Lebensformen. Da der Mensch ein kompliziertes Wesen ist, kann in der Philosophie nichts einfach sein. Den akademischen Philosophen bleibt in dieser Situation nichts anderes zu tun, als die komplizierten Inhalte möglichst übersichtlich darzubieten.

So wie sich in der Regel jeder Reisende und insbesondere der Forschungsreisende, der es nicht auf eine Fahrt ins Blaue ankommen lassen will, über das, was ihn erwartet, informiert, so sollten auch Studienanfänger ausgiebig Gebrauch von den Informationsmöglichkeiten machen, die sich an Universitäten anbieten. Eine gute Orientierungshilfe liefern die kommentierten Veranstaltungsverzeichnisse, die neben dem gedruckten Vorlesungsverzeichnis zu Beginn jedes Semesters an philosophischen Seminaren und Instituten ausgegeben werden. Das ist jedoch noch nicht alles. Bevor man sich für eine bestimmte Lehrveranstaltung entscheidet, sollte man verschiedene Veranstaltungen aus verschiedenen Gebieten testen. Die Freizügigkeit des akademischen Unterrichts bietet dazu Gelegenheit. Kein Professor oder Dozent wird es einem Studierenden übelnehmen, wenn er zu Beginn eines Semesters in verschiedene Veranstaltungen hineinhört.

Darüber hinaus sind zur Orientierung in den Fachgebieten zwei allgemeine Richtlinien zu beachten. Erstens sollten sich die Studierenden nicht von vornherein auf dasjenige Gebiet beschränken, an dem sie besonders interessiert sind. Ein bewährtes Verfahren im Studium ist die Wahl von historisch weit auseinanderliegenden Positionen. Mit zunehmenden Kenntnissen wächst dann auch das Interesse an anderen Themen. Auf diese Weise kann man der Gefahr vorbeugen, zum borniertn Spezialisten zu werden, der nur auf einem Gebiet zu Hause ist oder gar einem einzigen Philosophen dient.

Zweitens empfiehlt es sich, Überblicksveranstaltungen und vertiefende Seminare miteinander zu verbinden. Zu den Überblicksveranstaltungen gehört die klassische Vorlesung, aus der man häufig großen Gewinn zieht, da die Lehrenden gezwungen sind, sich gut darauf vorzubereiten. Am anderen Ende der Skala steht der philosophische Workshop, der zwar Mitdenken und Zusammenarbeit fördert, fehlende Substanz aber nicht ersetzen kann. So kommt es schließlich auf jeden selbst an, in welcher Form er sich Wissen und Methoden im Umgang mit philosophischen Themen aneignet.

An den wenigsten Universitäten ist für das Studium der Philosophie ein strenger Stundenplan vorgeschrieben. Das läßt Studierenden weitgehende Freiheit in der Wahl der Veranstaltungen, erschwert aber auch die Orientierung. Nicht zuletzt unter dem Druck der Studienreform mehren sich die Bemühungen, das philosophische Wissen neu zu organisieren und in praktikablen Studiengängen zugänglich zu machen. Dabei deutet sich die Tendenz an, die bislang vorherrschende Einteilung nach Schulen durch eine eher funktionale Einteilung zu ersetzen. Ausdruck dieser Funktionalisierung des philosophischen Wissens ist die Verwendung der technischen Metapher «Modul», welche die Kombinierbarkeit der Teilgebiete erleichtern soll. So könnte beispielsweise Ästhetik speziell im Hinblick auf die Erfordernisse der Ethik oder, um ein noch kühneres Beispiel zu nennen, philosophische Theorie des Designs im Hinblick auf den Maschinenbau an Technischen Hochschulen betrieben werden.

Sicherlich spricht für eine Neugliederung des philosophischen Wissens in Funktionseinheiten, daß dadurch den Studierenden lange Irrwege im unübersichtlichen Gelände der Philosophie erspart bleiben. Bei Wissensmodulen merkt man nämlich sehr schnell, ob sie zueinander passen oder nicht. Freilich erfordert die Ausarbeitung von und der Umgang mit philosophischen Modulen bestimmte Fähigkeiten, die sich an den Hochschulen erst noch entwickeln müssen. Daß dieser Entwicklung zweifellos auch Gefahren einer Instrumentalisierung innewohnen, ist nicht zu übersehen. Dem stehen jedoch einige Vorzüge gegenüber, die ein mehr anwendungsorientiertes Denken auch und gerade für die Philosophie bietet. Von einer Erhöhung der Berufschancen einmal abgesehen, kann die funktionale Auffassung auch dazu beitragen, die philosophische Reflexion aus ihrer «splendid isolation» zu befreien und den Anschluß an das praktische Leben zu erleichtern.

5. Philosophische Denkrichtungen an den Universitäten

Die Einteilung der Philosophie nach Gegenstandsbereichen bietet den Studierenden allerdings noch keine hinreichende Orientierung. Denn in der akademischen Praxis werden die Sachgebiete immer von Schulen oder Denkrichtungen vertreten, was sich in der Auswahl der Texte und Problemstellungen niederschlägt. In keinem Seminar werden Logik oder Ethik schlechthin angeboten – allenfalls in Form von Überblicksveranstaltungen –, sondern immer nur im Rahmen einer bestimmten Denkrichtung. Sie ist das erste, womit Studierende an der Universität in Berührung kommen. Dadurch bekommen die Sachthemen eine subjektive bzw. emotionale Färbung, die sich aus verschiedenen Faktoren zusammensetzt: aus den Inhalten sowie aus den Denkmethoden, die von Philosophen bzw. Philosophengruppen bevorzugt werden. Die Personenbindung macht aus Denkmethoden Denkstile, die weltanschauliche Einstellungen einschließen. Über Stil und Atmosphäre verläuft ein gut Teil der Vermittlungs- und Überzeugungsarbeit, auf die philosophisches Wissen angewiesen ist.

Die Bedeutung von Denkstilen in der Philosophie kann man nicht hoch genug veranschlagen. Das gilt natürlich auch für andere Disziplinen, aber in der Philosophie ist das Phänomen besonders stark ausgeprägt. Das liegt nicht nur am Temperament der Philosophierenden, sondern ergibt sich daraus, daß die Sinnbilder des menschlichen Selbstverständnisses mit bestimmten Einstellungen zur Welt verbunden sind. Daher die differenzierende, häufig sogar Welten trennende Wirkung von Denkstilen. Im akademischen Betrieb kann sich das negativ in Form von Parteilichkeit niederschlagen, die eine Zusammenarbeit zwischen verschiedenen Gruppen am selben Seminar oder Institut oft erschwert. Wer lange am akademischen Betrieb teilnimmt, stellt sich automatisch darauf ein und findet daran nichts Außergewöhnliches. Dennoch handelt es sich um eine Erscheinung, die man thematisieren sollte, damit sie der Wissenschaftlichkeit nicht abträglich wird.

Eine Typologie der Denkstile

Die Notwendigkeit einer Typologie der Denkstile hat schon vor hundert Jahren William James (1842–1910) erkannt. In seiner ersten Vorlesung über den Pragmatismus heißt es:

> Denn die Philosophie, die in jedem von uns von so großer Bedeutung ist, sie ist nichts fachmännisch Formulierbares. Sie ist vielmehr unser mehr oder weniger deutliches Gefühl von dem, was der ehrliche und tiefe Sinn des Lebens ist. Sie ist nur zum Teil aus Büchern gewonnen. Sie ist unsere individuelle Art, das Stoßen und Drängen der Welt zu schauen und zu fühlen. (Der Pragmatismus, S. 2)

Seinerzeit fiel James die Einteilung noch ziemlich leicht. Er sah sich mit zwei Temperamenten konfrontiert, mit Rationalisten und Empiristen, die er unter den Stichworten «zartfühlend» und «grobkörnig» klassifizierte. Den «zartfühlenden Rationalisten» ordnet er folgendes Weltbild zu:

> Die Welt, in die der Philosophieprofessor uns einführt, ist einfach, rein und vornehm. Die Widersprüche des wirklichen Lebens sind darin nicht zu finden. Sie ist ein klassisches Bauwerk. Vernunftprinzipien entwerfen den Grundriß, logische Notwendigkeiten verkitten die Teile. Was dieser Bau zum Ausdruck bringt, ist vornehmlich Reinheit und Würde. Es ist ein Marmortempel, der auf einem Hügel steht. (Der Pragmatismus, S. 13)

Dagegen das «grobkörnige» Weltbild des Empiristen:

> Blicken Sie hinaus auf diese Riesenwelt der konkreten Tatsachen, auf ihre schauervollen Labyrinthe, ihre Überraschungen und Grausamkeiten, auf die Wildheit, die sie in sich trägt, und dann sagen Sie mir, ob «geläutert» wirklich das Eigenschaftswort ist, das sich bei einer Beschreibung dieser Welt unvermeidlich auf die Lippen drängt. Läuterung ist gewiß eine Sache, die oft am Platze ist. Aber eine Philosophie, die nichts als Läuterung atmet, wird einen empirisch gestimmten Geist nie-

mals befriedigen. Sie wird vielmehr immer etwas Gekünsteltes an sich haben. Deshalb finden wir Männer der Wissenschaft, die es vorziehen, der Metaphysik, die immer etwas Klosterartiges und Gespenstisches an sich hat, den Rücken zu kehren, und wir finden praktische Männer, die den Staub der Philosophie von ihren Füßen schütteln und dem Rufe der Wilden folgen. (Der Pragmatismus, S. 13 f)

Als vermittelnden Typ empfiehlt James den Pragmatismus, «als eine Philosophie, die beide Arten von Bedürfnissen befriedigen kann. Sie kann religiös bleiben, wie die rationalistischen Systeme, sie kann aber zugleich, wie die empirischen, die innigste Verbindung mit den Tatsachen pflegen» (S. 20).

Das Bild, das James zeichnet, mutet heute wie eine Karikatur an. Idealistische Denker sind längst nicht mehr so wirklichkeitsfremd, und umgekehrt erkennen empiristische Geister durchaus die Notwendigkeit an, über die Feststellung von Tatsachen hinauszugehen. Insofern kann man sagen, daß der von James gezeichnete pragmatistische Typ in der Philosophie zum Normalfall geworden ist. Aber es gibt auch heute noch unter Philosophen einen durchgängigen Dualismus, der sich auf eine andere Ebene verlagert hat. Die Trennung liegt nicht mehr in der Anerkennung der Wirklichkeit, die allen gemeinsam ist, sondern in der Art und Weise, mit Begriffen umzugehen. Hier stehen sich ‹harte› und ‹weiche› Denker gegenüber. Die einen lassen nur streng logische Begründungen gelten und beharren auf dem Prinzipiellen; die anderen ziehen poetische Beschreibungen vor und halten die Unbestimmtheit für die höchste philosophische Tugend. Diese grobe Unterscheidung ist mit einer anderen gekoppelt: Die harten Denker sind in der Regel zukunftsorientiert, die weichen dagegen mehr herkunftsorientiert. Damit sind auch zwei Arten des persönlichen Habitus verbunden: Betroffenheit und Ernst auf der einen Seite, Gelassenheit und selbstironische Distanz auf der anderen.

Zwischen diesen beiden Polen bewegen sich die verschiedenen philosophischen Denkrichtungen und Stile, mit denen es die Studierenden an Universitäten zu tun haben. Um den Anfängern die Orientierung zu erleichtern, sollen im folgenden die derzeit vor-

herrschenden Typen charakterisiert werden. Der Dualismus von
‹harten› und ‹weichen› Denkern läuft quer durch alle Denkrichtungen, die wir in lockerer historischer Reihenfolge durchgehen:
1. Transzendentalisten; 2. Idealisten; 3. Phänomenologen; 4. Hermeneutiker; 5. Anhänger der Kritischen Theorie; 6. Postmarxisten,
7. kritische Rationalisten; 8. Sprachanalytiker; 9. postmoderne
Philosophen. In der Präsentation dieser Gruppen gibt es zwei Möglichkeiten: Entweder man identifiziert sich mit einer von ihnen und
praktiziert ihren Stil, oder man relativiert den Geltungsanspruch,
indem man den Stil parodiert. Wir haben uns für die zweite Möglichkeit entschieden und stellen die Gruppen im Spiegel ironischer
Brechung vor. Das dient nicht nur der Unterhaltsamkeit, wie man
sie von den mittelalterlichen Bestiarien gewöhnt ist, sondern hat
einen durchaus ernsten Hintergrund. Diese Darstellungsweise erlaubt nämlich einen Zugang zu Denkstilen, weltanschaulichen Einstellungen und Temperamenten, ohne ihrem Absolutheitsanspruch
zu erliegen. Daher möge niemand Respektlosigkeit vermuten, wo
nichts anderes beabsichtigt ist als die Wahrung der Distanz, die für
einen freien und damit auch kreativen Umgang mit Denkrichtungen unerläßlich ist.

Transzendentalisten

Die Gruppe, die an philosophischen Seminaren in Deutschland
wahrscheinlich immer noch am stärksten vertreten ist, umfaßt die
Anhänger des Kantischen Idealismus, kurz: die Transzendentalisten. Im Mittelpunkt ihres Denkens stehen Fragen der theoretischen Philosophie, insbesondere der Erkenntnistheorie. Zwar gibt
es auch Verbindungen zur modernen Logik und zur sprachanalytischen Philosophie, aber die Bezugnahme auf Kant herrscht doch
vor. Das schlägt sich in der Sprache der Transzendentalisten nieder,
die von «synthetischen Urteilen *a priori*» oder «ursprünglich-syn-
thetischer Einheit der Apperzeption» so sprechen, als handele es
sich um Dinge, die jeder Gebildete ohne weitere Erläuterung ver-

stehen könnte. Insbesondere die Rede von den «Bedingungen der Möglichkeit» hat sich zu einer Art Erkennungszeichen entwickelt, zu einer Losung, von der vermutlich die wenigsten genau wissen, was damit gemeint ist. Zwar ist die Frage, wie etwas möglich ist, allen geläufig; aber warum darüber hinaus noch nach Bedingungen der Möglichkeiten geforscht wird, bleibt weitgehend unhinterfragt. Aber das spielt für die Gruppenzugehörigkeit auch keine Rolle. Hauptsache, man bekennt sich zur «Vernunft», die für sie den höchsten Wert darstellt.

Daß diese Art des Philosophierens in die Jahre gekommen ist, wird niemanden verwundern. Die akademisch-trockene Denk- und Ausdrucksweise hat schon im frühen 19. Jahrhundert die schalkhaften Geister auf den Plan gerufen. Der Dichter Heinrich Heine konnte sich in seiner «Harzreise» nicht den Spaß verkneifen, die Karikatur eines Kantianers an der Universität Göttingen zu zeichnen. Auch dieses Bild ist natürlich schon alt und entspricht sicherlich nicht mehr der akademischen Wirklichkeit. Aber der Seminarbetrieb gibt immer wieder Anlaß, sich an Heines gespenstischen Lehrer im «transzendentalgrauen Leibrock» zu erinnern:

Schwankend wie sonst sich auf ein spanisches Röhrchen stützend, näherte er sich mir, und in seinem gewöhnlichen mundfaulen Dialekte sprach er freundlich: «Fürchten Sie sich nicht, und glauben Sie nicht, daß ich ein Gespenst sei. Es ist Täuschung Ihrer Phantasie, wenn Sie mich als Gespenst zu sehen glauben. Was ist ein Gespenst? Geben Sie mir eine Definition. Deduzieren Sie mir die Bedingungen der Möglichkeit eines Gespenstes. In welchem vernünftigen Zusammenhange stände eine solche Erscheinung mit der Vernunft? Die Vernunft, ich sage die Vernunft» – Und nun schritt das Gespenst zu einer Analyse der Vernunft, zitierte Kants «Kritik der reinen Vernunft», 2. Teil, 1. Abschnitt, 2. Buch, 3. Hauptstück, die Unterscheidung von phänomena und noumena, konstruierte alsdann den problematischen Gespensterglauben, setzte einen Syllogismus auf den anderen und schloß mit dem logischen Beweise: daß es durchaus keine Gespenster gibt. Mir unterdessen lief der kalte Schweiß über den Rücken, meine Zähne klapperten wie Kastagnetten, aus Seelenangst nickte ich unbestimmte Zustimmung bei jedem Satz, womit der spukende Doktor die Absurdität aller

Gespensterfurcht bewies, und derselbe demonstrierte so eifrig, daß er einmal in der Zerstreuung statt seiner goldenen Uhr eine Handvoll Würmer aus der Uhrtasche zog und, seinen Irrtum bemerkend, mit possierlich ängstlicher Hastigkeit wieder einsteckte. «Die Vernunft ist das Höchste» – da schlug die Glocke eins und das Gespenst verschwand. (Die Harzreise, S. 239)

Idealisten

Eine weitere bedeutende Gruppe von Denkern, die in der akademischen Philosophie dominiert, sind die Idealisten. Sie orientieren sich an der «Phänomenologie des Geistes» von Hegel. Stärker als die Kantianer suchen die Idealisten Anschluß an die modernen Formen der Bewußtseinstheorie und der Phänomenologie. Das verschafft ihnen eine größere Bandbreite der Themen. Diese reichen von der Erkenntnistheorie über die Ästhetik bis zur Ethik und Religionsphilosophie. Auch Rechtsphilosophie und politische Philosophie gehören zu ihren bevorzugten Gegenständen. Ihr Denken hält sich zwar nicht mehr streng an das dialektische Schema Hegels, hält aber an dessen Überzeugung fest, die sich auf die Formel vom «Selbstvertrauen der Vernunft» bringen läßt. Das Selbstvertrauen äußert sich im Glauben an eine prinzipielle Übereinstimmung von Denken und Wirklichkeit.

Die Zuversicht, alle im Durchdenken der Wirklichkeit auftauchenden Fragen prinzipiell lösen zu können, macht bis heute die Stärke der idealistischen Denkform aus. Ihr wird man nicht gerecht, wenn man ihr, wie nach dem Zusammenbruch des Deutschen Idealismus im 19. Jahrhundert üblich, spekulative Abstraktheit und Wirklichkeitsferne vorwerfen würde. Im Gegenteil: Kaum eine Richtung hat sich so stark der Wirklichkeit geöffnet und weiterentwickelt wie die idealistische Philosophie. Um so mehr überrascht es, wenn man heute aus dem Mund eines Altmeisters der Idealisten vernimmt, daß im Verständnis Hegels noch nicht einmal ein Anfang gemacht worden sei. In solchen Machtsprüchen treten die Grenzen und Gefahren des idealistischen Selbstvertrauens zutage. Die Studierenden werden auf die Exegese der historischen Texte festgelegt, was unweigerlich wieder zur «Hegelei» führt, worüber man sich schon zu Lebzeiten Hegels lustig gemacht hat. Statt die Versäumnisse und Verdrängungen offenzulegen, ohne die der idealistische Glaube an die Vernünftigkeit des Wirklichen kaum denkbar wäre, wird hier der Spieß umgedreht und die Selbstbewegung des Geistes zum Geheimnis gemacht. Das führt zur Verklärung der Gründerfiguren. Neben Hegel gilt das besonders für Hölderlin. In Hölderlins Dichtung, die auf die idealistischen Denker der Gegenwart eine offenbar unwiderstehliche Faszination ausübt, suchen diejenigen, die von den gegenwärtigen und zu erwartenden zukünftigen Wirklichkeiten enttäuscht sind, immer wieder Trost und Erbauung. Und wo Hölderlin nicht mehr hilft, ist «das Rettende» in Gestalt von Schellings dunkler Logik der Differenz nah, die alle Differenzen aufhebt.

Phänomenologen

Die dritte Gruppe von Philosophen, mit denen die Studierenden an den deutschen Universitäten konfrontiert werden, erkennt man sofort an ihrer Sprache. Es sind die Phänomenologen, die ständig von «Evidenz», «Intentionalität» und «transzendentaler Reduktion» reden. Damit geben sie zu erkennen, daß sie in den Bahnen des Begründers der modernen Phänomenologie, Edmund Husserl, weiterdenken. Die von Husserl ausgehende «Phänomenologische Bewegung» umfaßt verschiedene Ausrichtungen, von denen neben Heideggers Philosophie mit ihrem raunenden Unterton die französische Richtung der Phänomenologie heute am wirksamsten ist. In der französischen Phänomenologie sind neben Sartre und Maurice Merleau-Ponty (1908–1961) derzeit Emile Lévinas, Jacques Lacan (1901–1981) und Jacques Derrida am einflußreichsten. Sicherlich kann man die letztgenannten auch der Gruppe der hermeneutischen oder der postmodernen Philosophen zurechnen.

Hier gibt es, wie in all den von uns vorgestellten Gruppen, Überschneidungen und Mischformen, die gelegentlich zu hybriden Bildungen führen.

Die Wandlungsfähigkeit der Phänomenologen äußert sich in der Vielfalt ihrer Stile. Während Husserls Ausdrucksweise ausgesprochen akademisch ist, neigen seine Schüler und Nachfolger zur poetischen Diktion. Sie zeugt häufig von geistiger Freiheit, verdeckt aber auch oft genug die Not der Argumentation. Diese ergibt sich daraus, daß die Phänomenologen sich dem Programm der Beschreibung von Phänomenen, der Deskription, verschrieben haben. Das wurde zu Husserls Zeiten als Fortschritt gegenüber den abstrakten Begriffsklärungen der Neukantianer empfunden. Husserls Devise «Zu den Sachen selbst!» wirkte in der akademischen Philosophie wie ein Signal zum Aufbruch zu neuen Ufern. Aber bald wurde klar, daß es mit bloßer Beschreibung in der Philosophie nicht getan ist. Es mußte der Nachweis erbracht werden, daß phänomenologische Beschreibungen mehr liefern als eine bloße Wiedergabe von Tatsachen. Die Beschreibungen sollten allgemeine Bedeutungen zum Ausdruck bringen, «Ideen» oder «Wesenheiten», deren Status bis heute nicht geklärt ist. Aber immerhin: Man wird den Phänomenologen nicht absprechen können, daß ihre Beschreibungen eine Wendung zum Konkreten gebracht haben, die heute noch oder wieder von den analytischen Philosophen genutzt wird, um dem Formalismus zu entgehen.

Für die klassischen Phänomenologen sind die Strukturen des Bewußtseins Gegenstand der Deskription. Insofern steht für sie theoretische Philosophie, Erkenntnistheorie und Wissenschaftstheorie im Mittelpunkt. Insbesondere unter dem Einfluß der französischen Phänomenologen hat sich im Laufe der Zeit der Schwerpunkt der Beschreibungen auf andere Gebiete verlagert. Ganz oben steht derzeit die Selbsterfahrung des menschlichen Körpers, der von den Phänomenologen unter der Bezeichnung «Leib» thematisiert wird. Dabei geschieht etwas, das in allen Phasen der phänomenologischen Bewegung zu beobachten ist: Die Beschreibung wird durch Überfrachtung mit philosophischer Bedeutsamkeit zur

Karikatur der phänomenologischen Methode. So kann man in Vorlesungen über die Phänomenologie der Leiblichkeit zum Thema «Durst» beispielsweise folgendes vernehmen:

> Im Trinken, wenn das Saugen, das vorher als Sog nur Richtung war, zur faktischen Bewegung wird, stillt sich der Durst, indem der leibliche Rhythmus wiederhergestellt wird. Das geschieht namentlich durch das Schlucken, bei dem die leiblichen Impulse wieder kraftvoll zu konkurrieren beginnen. (H. Schmitz, zit. nach G. Böhme, Weltweisheit, S. 242)

Wer durch solche Reden eine sogenannte «Neue Phänomenologie» begründen will, wird bei den jungen Studierenden vermutlich auf Unverständnis stoßen. Schon das hartnäckige Festhalten am veralteten Wort «Leib» ist einer Generation, welche die Virtualisierung des menschlichen Körpers, seine Auflösung in Zeichensysteme in der Kultfigur Michael Jackson erlebt hat, kaum noch verständlich zu machen. Aber die Phänomenologie hat die «Heideggerei» überstanden; sie wird auch an der «Leibeigenschaft» nicht zugrunde gehen.

Philosophische Hermeneutiker

Den Phänomenologen steht die Gruppe der hermeneutischen Philosophen nahe. Ihr Leitbegriff lautet «Kontext», aus dem heraus sie alles, was in der Welt der Fall ist, zu verstehen versuchen. Der Anspruch des Verstehens reicht von Texten bei den philologisch und historistisch ausgerichteten Hermeneutikern bis zu den Erscheinungen des gesellschaftlichen Lebens bei den existenzphilosophischen Hermeneutikern. Die erste Gruppe orientiert sich an den Begründern der philosophischen Hermeneutik im 19. Jahrhundert, an Schleiermacher und Dilthey, die zweite Gruppe lebt hauptsächlich von Heideggers Analyse des Daseins. Eine mehr wissenschaftstheoretisch orientierte Gruppe von Hermeneutikern formiert sich derzeit an deutschen Universitäten. Sie versucht, den Dualismus von naturwissenschaftlichem Erklären und geisteswissenschaftlichem Verstehen zu überwinden, und ist um eine Annäherung der Hermeneutik an die Informatik bemüht.

Sicherlich trifft man unter den Hermeneutikern noch sehr philologische, dem «Dienst am Text» ergebene Köpfe. Es ist aber nicht zu übersehen, daß sich die hermeneutische Rationalität als durchaus flexibel und zukunftsoffen erweist. Die Idee einer «unendlichen Semiose» von Umberto Eco sowie die von Jacques Derrida begründete Theorie der Dekonstruktion zeugen von der Öffnung des hermeneutischen Zirkels, die bis zur ironischen Selbstauflösung gehen kann. Eine Probe davon liefert der Exot unter den deutschen Hermeneutikern. Er wagt den Salto mortale vom objektiven Sinn eines Textes über den subjektiven Sinn des Interpreten in den Unsinn der unbeantwortbaren Frage, in dem sich der Hermeneutiker der Zukunft ungeniert bewegen kann:

Es wäre ein Kunstfehler, das Problem der Hermeneutik nicht zu stellen; es wäre aber auch ein Kunstfehler, das Problem der Hermeneutik zu lösen: unsere Sache ist, scheint mir, die Ausübung der Kunst, diese Kunstfehler nicht zu begehen. (O. Marquard, Frage nach der Frage, S. 589)

Anhänger der Kritischen Theorie

Der Gruppe der Hermeneutiker stehen die Anhänger der Kritischen Theorie nahe. Auch sie nehmen die Sprache ernst, wobei sie unter Sprache allerdings alle Äußerungsformen der sozialen Welt verstehen und diese pragmatisch interpretieren. Ihr Erkennungszeichen heißt derzeit «Kommunikation». Damit ist eine Form des Handelns gemeint, durch die ein «herrschaftsfreier Dialog aller mit allen» möglich sein soll. Die Charakteristik erinnert an Zeiten der Studentenbewegung, die so lange nicht zurückliegen, die aber selbst denen, die sie erlebt haben, unendlich fern gerückt sind. Es ist das Ende der sechziger Jahre, jene aufgeladene Epoche, in der Karl-Otto Apel und Jürgen Habermas in Frankfurt als geistige Väter der politischen Veränderung agierten. In dieser Zeit stand die von Max Horkheimer (1895–1973) und Theodor W. Adorno (1903–1969) gegründete Frankfurter Schule dem Marxismus noch sehr nahe, und Herbert Marcuse (1898–1979) lieferte mit seinem Bestseller «Der eindimensionale Mensch» die Schablonen, nach denen die westdeutschen Wohlstandskinder sich an die Kritik der spätkapitalistischen Herrschaftsstrukturen machten.

Damals bildete die Kritische Theorie in der deutschen Philosophie eine klar abgegrenzte Gruppe, deren Mitglieder man kannte. Die Gruppe hat sich inzwischen aufgelöst, und die Kritische Theorie ist in die Hände der Enkel übergegangen. Geblieben aber sind bestimmte Themenbereiche wie Gesellschaft, kommunikatives Handeln und Diskursethik sowie eine Mentalität, von der immer noch gesellschaftskritische Impulse ausgehen. Es ist der Wille zur aufdeckenden Rekonstruktion von Wirklichkeitsbereichen, die für das Normalbewußtsein verdeckt bleiben. Dahinter steht der Glaube an die Veränderbarkeit der menschlichen Natur und an die Erreichbarkeit vernünftiger gesellschaftlicher Zustände. Der Glaube, der zur Zeit der Studentenrevolte philosophische Begeisterung erweckte, hat sich in dem Maße, wie sich die Widerspenstigkeit der Wirklichkeit herausstellte, in ohnmächtige Affekte verwandelt. Die intellektuelle Bereitschaft, Verantwortung für gesellschaftliches Unrecht zu übernehmen, ist in Betroffenheit und Empörung übergegangen, die nichts klären. Hier werden die Grenzen einer Mentalität sichtbar, der es an der nötigen Gelassenheit und Ironie fehlt, die erforderlich sind, um mit den Widersprüchen der menschlichen Welt fertig zu werden. Das bewahrt sie bis heute von jedem Anflug postmoderner Leichtigkeit. Immerhin halten sich auch die Anhänger der Kritischen Theorie an die Idee des «guten Lebens», deren Verwirklichung sich Jürgen Habermas für die junge Generation des Jahres 1969 so vorgestellt hatte:

Es könnte sehr wohl sein, daß der Abbau der elterlichen Autorität und die Verbreitung von permissiven Erziehungstechniken bei den heranwachsenden Kindern Erfahrung ermöglicht und Orientierung fördert, die einerseits mit den Standards einer aufrechterhaltenen Leistungsideologie zusammenprallen müssen, die aber andererseits mit dem technologisch verfügbaren, obgleich von der Gesellschaft nicht entbundenen Potential an Freizeit und Freiheit, Befriedigung und Befriedung konvergieren. (Protestbewegung, S. 176)

Dreißig Jahre danach haben die jobsuchenden Studierenden an deutschen Universitäten allen Grund, an die Vertreter der Kritischen Theorie die Frage zu richten: Was ist von der Konvergenz von Freizeit und Freiheit geblieben?

Postmarxisten

Eine ähnliche Frage müssen sich die Anhänger der nächsten Position gefallen lassen, die weniger als feste Gruppe, sondern eher als versprengter Haufen in Erscheinung treten: die Postmarxisten. Damit sind nicht jene Kaderphilosophen der ehemaligen ML-Sektionen gemeint, sondern die Anhänger der Lehre von Marx, die an den philosophischen Seminaren der DDR gearbeitet und gelehrt haben. Nicht alle waren ernsthafte Wissenschaftler; doch es gibt einige, die seriöse Arbeit geleistet haben, aber an den Universitäten der neuen Bundesländer heute eine eher unscheinbare Existenz führen. Sie stellen indessen ein geistiges Potential dar, das Respekt verdient und das man nicht unterschätzen sollte. Denn es handelt sich um materialistische Denker, die der Hochschätzung des Subjektiven in der westdeutschen Philosophie fernstehen und dadurch Zugang zu Wirklichkeitsbereichen haben, die den Idealisten verschlossen bleiben. In unserer Zeit der gesellschaftlichen und ökonomischen Umwälzungen sind die Themen des dialektischen Materialismus keineswegs überholt: die Gewalt der ökonomischen Strukturen, Solidarität und die gesellschaftlichen Bedingungen einer nicht-entfremdeten Existenz. Gerade weil in der DDR die Schriften von Marx kaum in kritischer Absicht gelesen, geschweige denn öffentlich diskutiert worden sind, gibt es Anlaß zur Vermutung, daß das Thema «Marx nach dem Marxismus» noch nicht erledigt ist.

Das Denken und wahrscheinlich auch Empfinden der Postmarxisten stellt einen eigenen Typus dar, der sich nicht auf eine einfache Formel bringen läßt. Denn weit davon entfernt, sich nach vergangenen Zeiten zu sehnen, ist das Denken der Postmarxisten in die Zukunft gerichtet. Aber nicht erst in der Zukunft, sondern schon in der Gegenwart stößt es an Grenzen, die einen Bruch im Selbstverständnis der Postmarxisten mit sich bringen, da sie immer wieder erfahren müssen, daß ihr Traum von der besseren Welt nicht in Erfüllung geht und Hoffnungen enttäuscht werden, so sozial und human sie auch sein mögen. Das verunsichert die entschlossenen Kämpfer, die geistigen Aktivisten, die noch immer die randlose Nickelbrille tragen, aber sich dem Charme postmoderner Gedankenspiele nicht mehr ganz entziehen können. Das macht sie zu geistigen Zwittern, die wohl spüren, daß die jungen Studierenden ihnen nicht mehr so recht trauen. Wie sollten sie auch, da die Postmarxisten, die sich viel auf ihre Ernsthaftigkeit und Authentizität zugute halten, vermutlich selbst nicht mehr so sicher sind, wie ernst sie es noch meinen. Man sollte die Gruppe bei der Suche nach einem neuen Selbstverständnis aber nicht isolieren und im Stich lassen. Immerhin können die Studierenden gerade von ihnen lernen, was es für die Philosophie heißt, Differenzen auszuhalten.

Kritische Rationalisten

Solche Schwierigkeiten im Selbstverständnis scheinen der Gruppe der kritischen Rationalisten, die insbesondere an technischen Universitäten und in Österreich reichlich vertreten sind, völlig unbekannt zu sein. Des gesellschaftlichen Erfolgs ihres Denkens vollkommen sicher, betreiben sie neben Logik, Wissenschaftstheorie und Technikphilosophie auch Sozialphilosophie. Ihr großes Vorbild ist Karl Popper (1902–1994), der früher dem Positivismus zugerechnet wurde, mittlerweile aber längst als ein Denker anerkannt ist, dem der naive Tatsachenglaube fernliegt. Die Leitbegriffe, an denen man die kritischen Rationalisten erkennt, lauten: «Fallibilismus», «Münchhausen-Trilemma» und «hypothetischer

Realismus». Diese Begriffe markieren eine deutliche Distanz gegenüber objektivistischen sowie subjektivistischen Denkrichtungen. Wie Poppers Idee der Wahrheitsähnlichkeit von Theorien zeigt, ist die Wirklichkeitsauffassung des kritischen Rationalismus aber mehr als problematisch. Nur eins ist sicher: Letztbegründungen haben im Denken der kritischen Rationalisten eindeutig keinen Platz. Darin wie auch in der Wirklichkeitsauffassung stehen sie dem Pragmatismus nahe, und das macht ihre Philosophie für liberal ausgerichtete Geister nach wie vor attraktiv.

Trotz ihrer nüchternen Einstellung, die sich die kritischen Rationalisten zugute halten können, sind sie doch von einem Erkenntnisoptimismus beseelt, der bei skeptischen Geistern Erstaunen auslöst. Ihre unerschütterliche Überzeugung, daß die Wirklichkeit prinzipiell erkennbar ist, macht sie blind gegenüber Denkformen, die sich auf Erfahrungen von Differenzen und Widersprüchen beziehen, sich also nicht rational im Sinne des Erkenntnisfortschritts auflösen lassen. Das oft etwas streitbare Temperament der kritischen Rationalisten neigt dazu, alles, was nicht ihrem Rationalitätsbegriff entspricht, zu ignorieren oder zu persiflieren. Denkwürdig ist Poppers Versuch, eine Passage aus Heideggers Werk durch ‹Übersetzung ins Deutsche› zu demontieren. Ähnliche Scherze erlauben sich die Rationalisten heutzutage mit dem Diskurs der Postmoderne. Damit gelingt es ihnen immer wieder, die Lacher auf ihre Seite zu bringen. Aber Poppers Persiflage konnte nicht verhindern, daß Heideggers Werk bis heute die philosophischen Geister beschäftigt und zu neuem Denken anregt. Vielleicht liegt das nicht nur an der Dummheit der Menschen, sondern daran, daß die kritischen Rationalisten so kritisch und so rational doch nicht sind, wie sie vorgeben. Denn ihrer Kritik liegt eine Auffassung von Rationalität zugrunde, die keine Unschärfen zuläßt und der Kreativität des Unsinns keine Chance gibt.

Sprachanalytische Philosophen

Während die Gruppe der kritischen Rationalisten ziemlich über-
schaubar bleibt, sind die sprachanalytischen Philosophen mittlerweile zum dritten Stand angewachsen. Ihr Denken umfaßt die
Gebiete der Logik, der Erkenntnistheorie sowie der Ethik. In philosophischen Seminaren erkennt man sie auf den ersten Blick an
ihrem forschen Auftreten und der Verve, mit der sie ganze Tafeln
vollschreiben. Was sie schreiben, sind in der Regel triviale Beispiel-
sätze sowie logische Zeichen, deren virtuose Beherrschung alle
Erstsemester beeindruckt. Daß sie von der Geschichte der Philosophie vor Bertrand Russell und George Edward Moore (1873–
1958) augenscheinlich wenig Notiz nehmen und sich auf Wittgenstein, Willard Van Orman Quine und Georg Henrik von Wright als
Referenzautoren beziehen, kommt ihrem Modernitätsbewußtsein
zugute. Wenn sich auch in Deutschland inzwischen zahlreiche
Schulen ausgebildet haben, so vereint sie doch alle ein pragmatisch
und realistisch ausgerichtetes Denken, das seinen amerikanischen
Ursprung nicht verleugnen kann. Das macht den Charme dieser
Gruppe von Philosophen aus, die rein problemorientiert denken.
Dagegen sind sie den humanistisch gebildeten Geistern höchst su-
spekt, wenn nicht gar unsympathisch. Kann man doch oft genug
erleben, daß die analytischen Philosophen formal bombastische
Apparaturen für Einsichten einsetzen, die aus der Tradition längst
vertraut sind.

Hier stoßen zwei Mentalitäten und zwei Kulturen aufeinander,
zwischen denen es beträchtliche Verständnisschwierigkeiten gibt.
Aber erstaunlicherweise und für die geisteswissenschaftlich orien-
tierten Denker überraschend machen sich auf seiten der analytischen Philosophen, die mittlerweile viele Lehrstühle an deutschen
Universitäten besetzt haben, neuerdings deutliche Öffnungsten-
denzen bemerkbar. So formalistisch, wie es ihr Habitus manchmal
nahelegt, sind die analytischen Philosophen vielleicht doch nicht.
Immerhin gelingt es ihnen, der neuen Generation von Studierenden, die in den Schulen nicht mehr die klassische humanistische

Bildung genossen haben, Zugänge zu philosophischen Problemen zu eröffnen, die jenseits der sprachlichen und logischen Formalismen liegen. So lassen sich in der analytischen Philosophie der jüngsten Zeit Bewegungen in Richtung auf ontologische Fragen erkennen, etwa bei der Frage nach der Existenz abstrakter Gegenstände. Auf diese Weise entstehen Brücken zur Phänomenologie sowie zur Hermeneutik, die von den Studierenden betreten werden können, sobald erkennbar ist, daß die Wege von den Sprachen und Zeichen zurück zu den Sachen führen.

Postmoderne Philosophen

Anders als die analytischen Philosophen, die mit der Abneigung des alteuropäischen Geistes gegen den amerikanischen Pragmatismus zu kämpfen haben, erfreut sich die in Frankreich dominierende Schar der postmodernen Philosophen auch beim deutschen Publikum großer Beliebtheit. Vielen Feuilleton-Lesern ist der Titel «Derrida-da und Lacan-can» unvergeßlich. Die Anhänger des «postmodernen Wissens» (Jean-François Lyotard) kehren die traditionellen Werte der Subjektphilosophie um und haben dabei große Denker wie Nietzsche und Heidegger auf ihrer Seite. Mit diesem Beistand fällt es ihnen leicht, ohne Anflug von Trauer vom Tod des Subjekts zu reden, das Prinzipielle leichten Herzens zu verabschieden, den Unterschied zwischen Wirklichkeit und Schein aufzuheben und sich für die Medialisierung unserer postindustriellen Lebenswelten zu begeistern. Sie halten zwar am Begriff der Vernunft fest, schätzen daran aber nicht das Transzendentale, sondern nur das, was durchläuft, das Transversale. Mit diesem Vernunftbegriff lassen sich alle noch so weit auseinanderliegenden Dinge und Themen miteinander vernetzen. Daß die Knoten im Netz nur locker geknüpft sind, betrachten die Postmodernen als Stärke ihres Denkens, da das, was sich schnell auflöst, auch schnell wieder verknüpft werden kann.

Die Postmoderne, die als Stilbezeichnung von der Architektur über die Literaturwissenschaft auf die Philosophie übergegangen ist, präsentiert sich an den Universitäten heute meist als Kulturphilosophie, die verschiedene Ausrichtungen miteinander verbindet. Das Spektrum reicht vom radikalen Konstruktivismus (Heinz von Foerster; Ernst von Glaserfeld) in der Erkenntnistheorie bis hin zur Dekonstruktion (Paul de Man) in der Literaturwissenschaft. Erstere sind der Überzeugung, daß die Wirklichkeiten, in denen wir leben, nichts als Konstrukte unserer Einbildungskraft sind; letztere finden Gefallen daran, die sprachlichen Konstruktionen der Dichter wieder zu zerstören, was zu einem unendlichen Spiel von Denkmöglichkeiten in virtuellen Wirklichkeiten führt. Das macht die unwiderstehliche Anziehungskraft aus, die diese dem modernen Lebensstil angepaßte Philosophie auf die junge Generation ausübt. Hier eröffnen sich den Studierenden neue Dimensionen des Denkens und Empfindens, die denjenigen verschlossen bleiben, die für alles, was sie denken und tun, eine Begründung und Rechtfertigung suchen.

So charmant die Gruppe der postmodernen Philosophen auch auftritt, es gibt Grund zur Warnung vor Gefahren. Sie liegen aber weniger dort, wo sie die konservativen Vertreter der Subjektphilosophie vermuten. Mag der substantialistische Subjektbegriff der Transzendentalisten und Idealisten sich auch auflösen, das Gefühl der Verantwortung wird damit nicht zwangsläufig aus der Welt verschwinden. Das Verführerische des postmodernen Denkens besteht vielmehr darin, daß sich hinter dem Verzicht auf Begründungen gelegentlich sehr dogmatische Positionen verbergen. Und noch etwas kommt hinzu: Die anfängliche Faszination postmoderner Diskurse schlägt mangels Substanz oft in verbalen Leerlauf um. Damit tritt der größte Schaden ein, den Studierende erleiden können: daß ihnen das Denken durch schöne Worte abgenommen wird. Aber auch das sollte niemanden zu Berührungsängsten mit postmodernen Philosophen bewegen. Wer auf der Hut ist, wird im Studium auch mit den verbalen Exaltationen der Postmoderne fertig werden.

Wer in der philosophischen Landschaft
sonst noch anzutreffen ist

Damit ist das Spektrum der gegenwärtig dominierenden Gruppie-
rungen, mit denen die Studierenden der Philosophie an deutschen
Universitäten zunächst in Berührung kommen, durchlaufen. Quer
zu den genannten Positionen steht die feministische Philosophie,
deren Status im Unterschied zu den kulturwissenschaftlichen
«Gender Studies» noch nicht hinreichend geklärt ist. Sicherlich
sind die Grenzen fließend und die Ebenen nicht scharf voneinander
zu trennen. Ganz abgesehen von zahlreichen Zwischenformatio-
nen und Randgruppen, die an manchen Universitäten exotische
Sonderexistenzen führen. Dazu zählen Neuplatoniker und Neu-
aristoteliker sowie katholische Scholastiker und protestantische
Aufklärer. Nicht zu vergessen die mehr oder weniger interessanten
Einzelgänger und Außenseiter. Schließlich die beträchtliche Schar
akademischer Philosophen von eunuchischer Neutralität, die sich
aus Angst vor eigenen Gedanken streng auf die objektive Interpretation historischer Texte beschränken.

Wie man sich gegenüber den Denkrichtungen verhält

Die Beschreibung der philosophischen Denkrichtungen und Mentalitäten, die kaum die ungeteilte Zustimmung der Dazugehörigen
finden wird, verfolgt nicht den Zweck, ihre Daseinsberechtigung in
Frage zu stellen. Denn gerade die Philosophie ist auf ausgeprägte
Typen und Mentalitäten angewiesen, um wirksam zu werden. Mit
ihrer Karikatur ist lediglich eine Sensibilisierung der Studierenden
gegenüber übertriebenem Ernst und Wichtigtuerei beabsichtigt.
Unkritische Identifikation und Mangel an ironischer Distanz sind
das Schlimmste, was dem philosophischen Denken passieren kann.
Edmund Husserl hat zwar behauptet, daß man in die Philosophie
nicht «hineingeraten» könne, da es sich immer um einen Akt geistiger «Urstiftung» handele. Das ist sicher ein erstrebenswertes

Ideal, aber die Praxis verläuft häufig banaler. In kaum einem anderen Fach werden die Denkwege so von zufälligen Konstellationen bestimmt wie in der Philosophie. Das liegt an der Personalisierung des philosophischen Gedankens, der damit niemals die Objektivität erreicht, die in den exakten Wissenschaften selbstverständlich ist. Daher sollten die Studierenden sich darüber im klaren sein, was es heißt, sich einer bestimmten philosophischen Denkrichtung anzuschließen, die zufällig an ihrer Universität vorherrscht.

Stärker als die Fachwissenschaften ist die Philosophie darauf angewiesen, daß die Neigung der Studierenden und die Persönlichkeit der Lehrenden zueinander passen. In der Anatomie zum Beispiel mag es relativ gleichgültig sein, wer den Stoff vermittelt, den man sich zur Not auch aus Lehrbüchern aneignen kann. In der Philosophie hingegen läßt sich die persönliche Komponente aus der Wissensvermittlung und Wissensverarbeitung kaum ausschalten. Wer an einer Universität ausschließlich auf Vertreter einer Denkrichtung stößt, die seinen Interessen und seinem Temperament widerspricht, der tut gut daran, sich nach einem neuen Studienort umzusehen. Auch und gerade im Studium der Philosophie ist wegen der unvermeidlichen Personengebundenheit des Gedankens Mobilität angebracht.

6. Die Philosophie und ihre Geschichte

In Vorlesungsverzeichnissen und Studienordnungen nimmt «Geschichte der Philosophie» meist einen eher bescheidenen Platz neben den systematischen Gebieten ein. In der Praxis sieht das Bild aber häufig anders aus. Auch systematische Themen werden meist anhand historischer Texte behandelt. Dadurch begegnen die Sachthemen den Studierenden in doppelt gebrochenem Licht: einmal durch die Denkrichtung der Lehrenden, zum anderen durch die Texte der Klassiker. So kann es vorkommen, daß ein von der Studienordnung vorgeschriebenes Seminar zur Erkenntnistheorie beispielsweise von einem Idealisten anhand von David Humes empiristischer «Untersuchung über den menschlichen Verstand» (1784) abgehalten wird. Die Selbstverständlichkeit der Bezugnahme auf historische Positionen spiegelt sich im Universitätsjargon wider. Fragt man, woran jemand gerade arbeitet, lautet die übliche Antwort: «Ich mache Platon, Hume, Kant usw.» Ein aufschlußreicher Sprachgebrauch, der zeigt, wie stark der philosophische Gedanke in seine Geschichte verstrickt ist.

Systematische und historische Philosophie

Die historische Ausrichtung gibt in unserem Zeitalter der Modernisierung des Wissens mehr denn je Anlaß zur Kritik. Wenn sich die akademische Philosophie weiterhin überwiegend mit ihrer Geschichte befaßt, so lautet ein gängiger Vorwurf, braucht sie sich nicht über den Verlust der Meinungsführerschaft zu wundern. Und noch weniger verwunderlich ist es dann, daß die Gesellschaft nicht mehr bereit ist, eine Disziplin zu finanzieren, die sich, wie es scheint, hauptsächlich mit sich selbst beschäftigt.

Die Klage über die Historisierung des philosophischen Gedankens ist allerdings nicht neu. Schon Kant sah sich genötigt, einen Trennungsstrich zwischen historischen und systematischen Philosophen zu ziehen. In seiner Einführungsschrift zur «Kritik der reinen Vernunft», den «Prolegomena», erteilt er denjenigen, die Geschichte der Philosophie für die Philosophie selbst halten, eine klare Absage:

> Es gibt Gelehrte, denen die Geschichte der Philosophie (der alten sowohl als neuen) selbst ihre Philosophie ist; für diese sind gegenwärtige Prolegomena nicht geschrieben. Sie müssen warten, bis diejenigen, die aus den Quellen der Vernunft selbst zu schöpfen bemüht sind, ihre Sache werden ausgemacht haben, und alsdann wird an ihnen die Reihe sein, von dem Geschehenen der Welt Nachricht zu geben. (Prolegomena, S. 255)

Daß Kant sich zu dieser Feststellung genötigt sah, läßt erkennen, wie stark die Philosophie schon im Zeitalter der Aufklärung von ihrer Geschichte lebte. Auf dem Titelblatt der meistgelesenen Philosophiegeschichte des 18. Jahrhunderts, Jakob Bruckers (1696–1770) «Historia philosophiae», aus der auch Kant seine Kenntnisse bezog, ist ein Bär abgebildet, der an seiner Tatze saugt. Darunter steht der lateinische Satz: *«Ipse alimenta sibi»* («Er nährt sich selbst»). Die in diesem Bild dokumentierte Selbstbezüglichkeit des philosophischen Gedankens erklärt sich historisch daraus, daß die Philosophie der Neuzeit ihr Selbstverständnis aus der Überwindung des Mittelalters bezieht. Wie in der Kunst gilt auch in der Philosophie seit der Renaissance die Antike als nachzueiferndes Ideal. Und obwohl Descartes mit der Tradition radikal bricht und den Anspruch auf einen absoluten Neuanfang des Denkens erhebt, bleibt der neuzeitlichen Philosophie der Epochenvergleich und die Epochenkonkurrenz wesentlich. Das hat zu der Überzeugung geführt, daß Philosophie immer aus Philosophie entsteht.

Neben dem historischen gibt es auch einen sachlichen Grund dafür, daß systematische Fragen bis heute vornehmlich am Leitfaden historischer Texte diskutiert werden. Denn im Unterschied zu den meisten Fachwissenschaften, die konkrete Untersuchungsgegenstände vor sich haben, ist die Philosophie ganz auf das Denken angewiesen. Ihre Arbeitsmittel sind Gedanken, und ihr Untersuchungsgegenstand sind ebenfalls Gedanken, die in Texten niedergelegt sind. Unter den philosophischen Texten haben sich manche als klassisch erwiesen, weil sie grundlegende Problemstellungen klar formulieren. Das hat den folgenden Generationen viel Arbeit erspart. Dadurch braucht der systematische Denker, der mit historischen Texten arbeitet, das Rad nicht noch einmal zu erfinden.

Aber warum, so könnte man fragen, beschränkt er sich dann nicht darauf, die vorliegenden Ergebnisse aus Lehrbüchern zu beziehen, wie es in anderen Wissenschaften üblich ist? Diese Frage führt ins Zentrum der philosophischen Rationalität und berührt damit die Sonderstellung der Philosophie unter den Wissenschaften. Sicherlich hat es die Philosophie wie die Wissenschaften auch mit objektivem Wissen zu tun. Aber dieses bezieht seine philosophische Relevanz aus dem Bezug auf das Selbstverständnis konkreter Menschen. Dadurch sind philosophische Erkenntnisse auch sachlich stärker historisch bedingt als naturwissenschaftliche. Das macht den Bezug auf historische Texte unverzichtbar. Umgekehrt sind philosophische Systeme nie in dem Sinn überholt, wie es z. B. in der Physik der Fall ist. Kein Studierender der Physik würde auf den Gedanken kommen, von der «Physik» des Aristoteles zu lernen. Dagegen eignet sich seine «Metaphysik» heute sehr wohl noch als Einstieg und wird dementsprechend in Seminaren häufig benutzt.

Ein weiterer Grund für die Philosophen, sich auch bei der Behandlung sachlicher Themen an der Geschichte zu orientieren, liegt darin, daß die Bedeutung philosophischer Aussagen sich nicht allein nach den Inhalten bemißt, sondern auch nach ihrer Form. Die Form oder die Machart ist mehr als ein Weg, den man vergessen kann, sobald das Ziel erreicht ist, mehr als ein bloßes Instrument, das man nach getaner Arbeit weglegt. Die Machart deckt ein gut Teil des philosophischen Gedankens ab, da der Mensch sich nicht nur in seinen Produkten, sondern auch in der Art, wie er sie hervorbringt, wiedererkennt. In diesem Sinn trifft der Satz von Buffon, «Der Stil ist der Mensch», gerade für die Philosophie zu. Da Stile besonders gut an zeitlich entfernt liegenden Texten hervortreten, ist die Beschäftigung mit ihnen dazu angetan, dem philosophischen Geist den Spiegel vorzuhalten.

Diese Überlegungen lassen erkennen, daß die Geschichte der Philosophie nicht nur ein Spezialgebiet oder gar ein Anhängsel darstellt, das neben der systematischen Arbeit mehr der Erbauung traditionsbewußter Geister dient. Ganz im Gegenteil, historische Texte bilden einen bleibenden Bezugspunkt der systematischen Philosophie, denn die «Quellen der Vernunft», von denen Kant spricht, versiegen schnell, wenn sie nicht aus den Texten der Vergangenheit gespeist werden. Daher läßt sich die strikte Trennung von systematischer und historischer Philosophie, wie sie Kant fordert, nicht durchführen. Gerade wenn Philosophie einen Bezug zur Gegenwart haben soll, muß sie sich immer wieder ihrer historischen Voraussetzungen bewußt werden. Das entspricht auch der philosophischen Sinnklärung, da die Bilder des gegenwärtigen Selbstverständnisses vom Vergleich mit anderen Zeiten leben. Auch und gerade für die Philosophen lohnt es sich, immer wieder in den Brunnenschacht der Geschichte hinabzusteigen. Insofern ist es durchaus richtig, wenn an Universitäten Erkenntnistheorie anhand von Humes «Versuch über den menschlichen Verstand» oder von Kants «Kritik der reinen Vernunft» betrieben wird.

Methoden der Philosophiegeschichte

Doch damit ist das Thema nicht erledigt. Die Einheit von historischer und systematischer Philosophie setzt nämlich eine hoch reflektierte Art der Geschichtsbetrachtung voraus. Die Geschichte der Philosophie muß gewissermaßen selbst schon philosophisch betrieben werden, um in die systematische Betrachtung einzugehen. Das ist im Universitätsbetrieb leider nicht immer der Fall. Zu oft verhalten sich Philosophen gegenüber historischen Texten wie Philologen, die sich darauf beschränken, eine ‹richtige› Lesart herzustellen. Der philologische Zugang verführt die akademischen Philosophen immer wieder dazu, ihr ganzes Leben mit dem Edieren von Texten zuzubringen. Dabei geht oft jedes Augenmaß dafür verloren, welche Texte eines Philosophen überlieferungswürdig sind und welche nicht. Bei bedeutenden Dichtern mag es berechtigt sein, jede Äußerung in einer kritischen Gesamtausgabe dem Publikum zugänglich zu machen. Bei Denkern hingegen sind berechtigte Zweifel am Nutzen dieses Verfahrens angebracht. Selbstverständlich ist die Herstellung verläßlicher Texte eine sinnvolle Aufgabe, auf die auch die philosophische Forschung und Lehre nicht verzichten kann. Aber das darf nicht das letzte Ziel philosophischer Arbeit sein, sondern nur ein Weg zu neuen philosophischen Fragestellungen. Auch die beliebten Textvergleiche und biographischen Untersuchungen, die für systematische Überlegungen keinen Raum mehr lassen, sind in der Philosophie von Übel. Daher stellt sich die Frage, wie man historische Texte philosophisch lesen und interpretieren muß, um daraus auch in systematischer Hinsicht Gewinn zu ziehen.

Die Beantwortung dieser Frage führt zu Überlegungen, wie ein philosophischer Umgang mit historischen Texten auszusehen hat. Ein Blick in die Philosophiegeschichtsschreibung kann dazu wertvolle Hinweise liefern. Wie die Geschichtsschreibung im allgemeinen hat auch die Geschichte der Philosophie im besonderen eine Entwicklung durchgemacht, die durch eine Zunahme des historischen Bewußtseins gekennzeichnet ist. In verkürzter Form läßt sich die Entwicklung nach folgendem Schema skizzieren: Den Anfang macht die chronologische Darstellung der philosophischen Schulen und Lehrmeinungen, die sogenannte dogmengeschichtliche Aufreihung, für die Jakob Brucker ein herausragendes Beispiel liefert. Im Laufe des 19. Jahrhunderts zeichnet sich eine inhaltliche Erweiterung der Betrachtung ab. Philosophiegeschichte wird zum Bestandteil der allgemeinen Geistesgeschichte. Im Positivismus, der die Soziologie als eigene Wissenschaft ins Leben gerufen hat, finden die sozialen Bedingungen der geistigen Entwicklung zunehmend Berücksichtigung. Die Geschichtsschreibung des Marxismus dringt auf Einbeziehung der sozialen und ökonomischen Rahmenbedingungen gemäß dem Dogma der einseitigen

Abhängigkeit geistiger Bewegungen vom gesellschaftlichen Unterbau. Heute dagegen bemüht sich die Philosophiegeschichte, den Dualismus von Geistesgeschichte und Sozialgeschichte im Sinne einer übergreifenden kulturgeschichtlichen Betrachtung zu überwinden.

Die Verschiebungen und Ausweitungen auf der inhaltlichen Seite werden auf der methodischen Seite durch Bemühungen begleitet, tiefer in die Entwicklungsmechanismen des philosophischen Denkens einzudringen. Die Aufklärung hat die Geschichte noch nach dem Schema des linearen wissenschaftlichen Fortschritts konstruiert, dem zufolge philosophische Systeme endgültig durch spätere überholt werden. Im 19. Jahrhundert ist dieses Schema der Einsicht gewichen, daß jede Entwicklungsphase der Philosophie ihr Eigenrecht besitzt. Unter dieser Voraussetzung wurde die Abfolge der Systeme nach dem Schema von Frage und Antwort beschrieben. Jedes philosophische System bzw. jede Epoche läßt sich als Antwort auf die Fragen rekonstruieren, welche die vorherige Epoche offengelassen hat. Dieses Modell führte zur Rekonstruktion der Geistesgeschichte als Abfolge revolutionärer Umbrüche. Ein überzeugter Verfechter dieser Position in der Wissenschaftsgeschichte ist Thomas Kuhn mit seinem bekannten Buch «Die Struktur wissenschaftlicher Revolutionen» (1962).

Die Verfeinerung des Verlaufsschemas hat dazu geführt, verschiedene Schichten des philosophischen Gedankens zu unterscheiden. Die Systemgeschichte, die es mit den manifesten Formen des Denkens zu tun hat, wird ergänzt durch die Problemgeschichte, die sich weitgehend in den tieferen Regionen des Geistes abspielt. Hier laufen anonyme Prozesse ab, in denen Theorie und institutionelle Praxis unlösbar miteinander verwoben sind. Thomas Kuhn hat dafür den erfolgreichen Begriff «Paradigma» gebildet, Michel Foucault (1926–1984) spricht in seiner Archäologie des Wissens von «Diskursen» oder «diskursiven Formationen». Das sind die Stichworte für neue Interpretationsverfahren, die es ermöglichen, Texte gegen den Strich zu lesen und sie besser zu verstehen als ihre Autoren.

Den hohen Reflexionsstand, den die Philosophiegeschichte derzeit erreicht hat, muß man berücksichtigen, um die an Universitäten geläufige Praxis, systematische Themen an historischen Texten zu behandeln, richtig zu beurteilen. Das neue Geschichtsverständnis setzt Maßstäbe für den Umgang mit historischen Texten, die an die Interpreten hohe Anforderungen stellen. Daher genügt es nicht mehr, philosophische Texte rein philologisch zu interpretieren. So wird die Geschichte leicht zum Selbstzweck, und das Resultat sind historische Spezialisten, die sich im Werk ‹ihres› Philosophen wie in ihrer eigenen Westentasche auskennen. Daher ist es angebracht, an die heute immer noch lesenswerte zweite unzeitgemäße Betrachtung Nietzsches, «Vom Nutzen und Nachteil der Historie für das Leben» (1874), zu erinnern, in der ein kreativer Umgang mit der Geistesgeschichte angemahnt wird. Nietzsche selbst schwebte eine künstlerische Form der Geistesgeschichte vor, die sich zwar an die Fakten hält, diese aber phantasievoll zu einem sinnvollen Ganzen komponiert:

> In dieser Weise die Geschichte objektiv denken ist die stille Arbeit des Dramatikers; nämlich Alles aneinander denken, das Vereinzelte zum Ganzen weben: überall mit der Voraussetzung, daß eine Einheit des Planes in die Dinge gelegt werden müsse, wann sie nicht darinnen sei. So überspinnt der Mensch die Vergangenheit und bändigt sie, so äußert sich sein Kunsttrieb – nicht aber sein Wahrheits-, sein Gerechtigkeitstrieb. Objektivität und Gerechtigkeit haben nichts miteinander zu tun. Es wäre eine Geschichtsschreibung zu denken, die keinen Tropfen der gemeinen empirischen Wahrheit in sich hat und doch im höchsten Grade auf das Prädikat der Objektivität Anspruch machen dürfte. (Vom Nutzen und Nachteil, KSA 1, S. 290)

Das Konzept einer Philosophie- oder Geistesgeschichte nach dem Maßstab dichterischer Wahrheit entspricht Nietzsches Programm einer «ästhetischen Rechtfertigung der Welt». Ein Beispiel dafür hat er in seiner Erstlingsschrift «Die Geburt der Tragödie» geliefert, die aus altphilologischer Sicht eine ziemlich phantastische Konstruktion der griechischen Geistesgeschichte bietet. Aber das hat der enormen philosophischen Wirkung der Schrift keinen Abbruch getan. Die von Nietzsche beanspruchte höhere Form der

Objektivität hängt davon ab, wie weit es der historischen Darstellung gelingt, den Texthorizont zu öffnen und den Bezug zur Situation des Lesers herzustellen.

Zum Umgang mit philosophischen Texten

Für einen kreativen Umgang mit Texten sind die Voraussetzungen heute besser denn je. Die Arbeit am Computer betrifft nämlich keineswegs nur Äußerlichkeiten, wie häufig angenommen wird, sondern verändert das Verhältnis zu den Texten tiefgreifend. Daß die Produktion von Texten durch den Computer neue Formen hervorbringt, ist inzwischen unumstritten. Bei der Rezeption von Texten, die eher konservativ ausgerichtet bleibt, stößt das Umdenken auf größere Schwierigkeiten. Aber für den unvoreingenommenen Betrachter ist klar, daß es auch für die Aufnahme und Interpretation von Texten einen gewaltigen Unterschied macht, ob man sie in gebundenen Klassikerausgaben zur Hand nimmt oder auf dem Bildschirm durchlaufen läßt. Der Unterschied wird allerdings erst richtig deutlich, wenn man über die CD-ROM hinaus veränderbare Texte mit Hilfe einschlägiger Programme zerlegen und in andere Texte einfügen kann. Das erleichtert bei kognitiven Texten eine kreative Fortschreibung der Gedanken. Von der klassischen Interpretation, die dazu neigt, Texte zum Selbstzweck zu machen, unterscheidet sich die Methode der Fortschreibung darin, daß sie die Texte benutzt, um sie in übergreifende Argumentationszusammenhänge einzubauen. So lassen sich historische Schriften für gegenwärtige Problemstellungen am besten nutzen. Das kann mitunter einen etwas respektlosen Umgang mit Texten erfordern, der für traditionell ausgerichtete Geister, welche die Texte in ihrer Vollständigkeit zu sich reden lassen wollen, nur schwer akzeptabel ist. Hier wirkt die traditionelle Vorstellung vom unantastbaren Text, dem der Verstehende zu dienen hat, weiter. Das mag für literarische Texte eine angemessene Einstellung sein, taugt aber nicht für argumentative Texte, mit denen man es in der Philosophie zu tun hat.

Philosophische Schriften ‹vernimmt› man daher besser so, wie ein Untersuchungsrichter Zeugen vernimmt, um der Wahrheit auf die Spur zu kommen.

Welche Folgerungen sollen Studierende aus diesen vielleicht etwas ketzerisch anmutenden Überlegungen ziehen? Sicherlich nicht die, auf Bücher zu verzichten und die Brücken zur traditionellen Wissensrepräsentation abzubrechen. Denn bei allen Neuerungen ist die geschichtliche Dimension zu berücksichtigen, um nicht in die Modernisierungsfalle zu tappen. Die Begeisterung für die Moderne läßt allzu oft die Bedingungen vergessen, unter denen sie zu den erhofften Resultaten führt. Daher ist, um ein aktuelles Beispiel zu nennen, gegenüber dem Enthusiasmus mancher Bildungspolitiker für die Datenautobahn Zurückhaltung geboten. Zwar kann kein Zweifel darüber bestehen, daß die Datenautobahn dorthin führt, wo die Rohstoffe der Zukunft liegen: zu den Informationen. Aber ein Blick auf die Geschichte der Wissensdarstellung und Wissensverarbeitung vom Federkiel bis zur Schreibmaschine lehrt, daß neue Medien neue Kompetenzen im Umgang mit ihnen erfordern. Informationen allein genügen nicht, wenn man nicht weiß, wie man sinnvoll und effektiv mit ihnen umgehen soll. Hier bietet die Geschichte des Buchdrucks ein gutes Beispiel. Der Schritt vom handgeschriebenen Folianten zum gedruckten Buch hat das Denken in einer Weise revolutioniert, die heute kaum noch nachvollziehbar ist. Die Entstehung des neuzeitlichen Rationalismus bei Descartes legt davon ein eindrucksvolles Zeugnis ab. Nach Descartes wurde der ehrwürdige Magister, der sein Leben in Klosterbibliotheken mit Kopieren und Kommentieren von Texten des Aristoteles verbrachte, zur lächerlichen Figur eines Pedanten.

Versucht man, sich eine Vorstellung davon zu machen, wie die Arbeit am Computer die Denkformen verändern wird, so bieten sich die Stichworte an, die der italienische Schriftsteller Italo Calvino in seinen «Amerikanischen Lektionen» (1988) als Leitbegriffe für den Geist des neuen Jahrtausends notiert hat. Es sind: Leichtigkeit, Schnelligkeit, Genauigkeit, Sichtbarkeit, Vielheit und Einstimmigkeit des Denkens. Hier soll nur darauf hingewiesen werden, daß Schnelligkeit und Genauigkeit, die sich traditionell ausschließen, durch den Computer in bisher nie dagewesener Weise verbinden lassen. Ähnlich verhält es sich mit der Einheit der Vernunft und der Vielheit ihrer Stimmen, die über den Rechner auch für den einzelnen Denker realisierbar wird. Natürlich kann der Rechner dem Philosophen das Denken nicht abnehmen, aber davon ist hier auch nicht die Rede. Es geht lediglich darum, daß durch die neuen Möglichkeiten der Textverarbeitung äußere Formen und Muster bereitgestellt werden, nach denen sich die innere Form des Denkens bildet. Letztes Ziel bleibt auch hier das Wissen als auf das menschliche Selbstverständnis ausgerichtete Komplexität, übrigens ein Kerngedanke Platons, der im Umgang mit Texten von den Interpreten Kreativität verlangt.

Für die Geschichte der Philosophie bedeuten die neuen Perspektiven der Textverarbeitung neues Geistesleben. Denn nur wo das Gewordene durch kreative und experimentelle Arbeit am Text in Werden verwandelt wird, kann die Tradition weiterwirken. Die Geschichte der Philosophie braucht sich daher im akademischen Unterricht nicht zu verstecken. Nur sollten die Studierenden sehr genau darauf achten, in welcher Weise sie betrieben wird. Klammert man sich in philosophischen Seminaren an Originaltexte und spricht man hauptsächlich über Quellen und philologische Zusammenhänge, so ist das ein Symptom für die ‹historische Krankheit›. Es besteht der Verdacht auf Verlust des Sachbezugs der philosophischen Reflexion. Dagegen hilft von seiten der Studierenden nur die naive Frage nach dem Nutzen der historischen Beschäftigung für das eigene Denken. Denn ein Philosoph ist kein Antiquar. Aber noch einmal: Sachorientierung heißt nicht totaler Verzicht auf die traditionellen Bestände, sondern ihre Transformation in einen Prozeß nachvollziehbarer Fragen und Antworten. Dazu findet sich bei Edmund Husserl, der sich in seinem Philosophieren ganz den Sachen verschrieben hat, eine bemerkenswerte Passage:

Gewiß bedürfen wir auch der Geschichte. Nicht in der Weise der Historiker freilich, uns in die Entwicklungszusammenhänge zu verlieren, in welchen die großen Philosophien erwachsen sind, sondern um sie selbst, nach ihrem eigenen Geistesgehalt auf uns anregend wirken zu lassen. In der Tat, aus diesen historischen Philosophien strömt uns, wenn wir uns in sie hineinzuschauen, in die Seele ihrer Worte und Theorien zu dringen verstehen, philosophisches Leben entgegen, mit dem ganzen Reichtum und der Kraft lebendiger Motivation. Aber zu Philosophen werden wir nicht durch Philosophien. Am Historischen hängenbleiben, sich daran in historisch-kritischer Betätigung zu schaffen machen und in eklektischer Verarbeitung oder in anachronistischer Renaissance philosophische Wissenschaft erreichen zu wollen: das gibt nur hoffnungslose Versuche. Nicht von den Philosophien, sondern von den Sachen und Problemen muß der Antrieb zur Forschung ausgehen. (Philosophie als strenge Wissenschaft, S. 340)

Die Sätze Husserls formulieren auf mustergültige Weise, wie das Zusammenspiel zwischen Geschichte und Gegenwart zu verlaufen hat, damit es zu brauchbaren Resultaten kommt. Die Geschichte bildet ein unverzichtbares Reservoir philosophischer Reflexion; aber nur derjenige kann aus diesem Reservoir Einsichten schöpfen, der von aktuellen Fragestellungen geleitet wird. Wer sich jedoch ohne konkrete Ziele und Fragestellungen in die Geschichte der Philosophie stürzt, geht in ihr unter oder wird zum Historiker und Philologen. Dagegen wäre nichts einzuwenden, wenn es nicht auf Kosten des kognitiven Gehalts ginge, mit dem es Philosophie als Wissenschaft zu tun hat.

Diese Überlegungen führen zum Thema der philosophischen Klassiker, das gerade in unserer Zeit des schnellen Wissenswandels besondere Probleme aufwirft. Was kann es heute noch heißen, Klassiker zu interpretieren, und zu welchem Zweck tut man das? Eine Antwort lautet: Klassiker bieten dem philosophischen Gedanken Schutz und verhelfen ihm dazu, im rasanten Veränderungsprozeß seine Identität zu bewahren. Denn sich selbst überlassen, tendiert das Denken dazu, sich ziellos in allen Moden des Zeitgeistes zu verlieren. Die Klassiker verhindern das, indem sie zu einzelnen Sachthemen Grundfiguren des Denkens liefern, die über lange Zeit relativ konstant bleiben. In der Erkenntnistheorie beispielsweise, die es mit der Beziehung von Vorstellung und Gegenstand oder Geist und Welt zu tun hat, erschöpfen die Klassiker des Realismus und des Idealismus wie Hume und Mill einerseits, Kant und Fichte andererseits die prinzipiellen Möglichkeiten, nach denen sich die genannte Beziehung konstruieren läßt: Entweder die Gegenstände wirken auf den Geist ein, oder der Geist bringt durch seine Vorstellungen die Gegenstände hervor. Das sind die beiden Grundpositionen; mehr kann es nicht geben. Insofern gleichen Klassiker einem geistigen Immunsystem, welches das Denken vor bösen Auswucherungen schützt.

Aber auch und gerade hier ist Vorsicht geboten. Die Fixierung der Philosophie auf das Programm «Klassiker auslegen» birgt die Gefahr dogmatischer Schulbildungen in sich, wie sie im 19. Jahrhundert an den Universitäten gang und gäbe waren. Das hat zu den bekannten epigonalen Formen des Kantianismus und Hegelianismus geführt, die sich jahrzehntelang lähmend auf die akademische Philosophie in Deutschland ausgewirkt haben. Wo man heute noch, wie im 19. Jahrhundert, Kantianer oder Hegelianer sein muß, um Philosophie studieren zu können, ist etwas mit dem System nicht in Ordnung. Kant oder Hegel als Klassiker zu interpretieren, ist eine gute Sache; sie dadurch aber zu Säulenheiligen zu machen, eine schlechte. Dem Verlangen nach einem Bekenntnis zu bestimmten Philosophen sollten sich Studierende auf jeden Fall widersetzen und statt dessen ihre eigenen Wege gehen.

7. Selbst denken durch neue Fragen

> Selbstdenken heißt, den obersten Probierstein der Wahrheit in sich selbst (d. i. in seiner eigenen Vernunft) suchen; und die Maxime, jederzeit selbst zu denken, ist die Aufklärung. (Was heißt: Sich im Denken orientieren?, S. 146)

Mit diesem programmatischen Satz bringt Kant das Selbstverständnis der neuzeitlichen Philosophie auf den Punkt. Descartes hatte radikal mit der Tradition gebrochen und sich ganz auf seinen eigenen Verstand verlassen. Allerdings stellte sich bald heraus, daß der Neuanfang so radikal nicht war, wie er ihm selbst vorkam. Denn offenbar genügt der Bruch mit den Autoritäten nicht, um sich von allen Vorurteilen zu befreien. Das scheint Kant schon bemerkt zu haben. Obwohl er streng zwischen systematischer und historischer Philosophie unterscheidet, ist ihm aufgegangen, daß der menschliche Geist unbewußt den Einflüssen der Tradition unterliegt. Selbstdenken ist für ihn daher mehr als Verabschiedung der Geschichte. Er versteht darunter einen Prozeß der Selbsterfahrung, in dem sich der Mensch der verborgenen Zusammenhänge seines Denkens und Fühlens bewußt wird. Mit seiner Aufforderung an die Menschen, aus dem Zustand «selbst verschuldeter Unmündigkeit» herauszutreten, gibt Kant dem Programm der Aufklärung eine deutlich individualistische, um nicht zu sagen subjektivistische Wendung, die jeden einzelnen vor die Aufgabe stellt, die eigene Vernunft vor allem für die Überwindung der inneren Hindernisse einzusetzen. Selbst denken heißt demnach immer auch: sich selbst denken.

Die Lehre von den Idolen

Allerdings fällt es gerade den Philosophen schwer, den Zustand des Selbstdenkens zu erreichen. Der Begründer des englischen Empirismus, Francis Bacon, hat in seiner berühmten Lehre von den Vorurteilen, den «Idolen», klargestellt, daß der menschliche Geist ein trügerischer Spiegel ist. Immer sind es Trugbilder verschiedenster Art, die den Blick für die Sachen trüben. Vorurteile verschwinden nie ganz; es bleibt daher die ständige Arbeit der Klärung der Gedanken durch Selbstreflexion:

> Die Idole und falschen Begriffe belagern den menschlichen Geist und nehmen denselben so sehr gefangen, daß sie ihm nicht allein den Eingang der Wahrheit erschweren, sondern auch den wahrheitsoffenen Geist immer wieder hemmen, wenn wir uns nicht warnen lassen und mit allem Ernst gegen diese Vorurteile rüsten (Novum Organon I, S. 38)

Bacon untersucht zwei Klassen von Trugbildern: die in der Natur des Menschen angelegten und die durch die Gesellschaft und Tradition erworbenen. An den natürlichen Trugbildern unterscheidet er zwischen solchen, die ganzen Völkern und Rassen eigen sind (*idola tribus*), und solchen, die sich aus der individuellen Veranlagung ergeben (*idola specus* von lat. *specus* = Höhle; hier im Sinne von «Höhle der Individualität» in Anlehnung an Platons Höhlengleichnis). An den gesellschaftlich bedingten Trugbildern unterscheidet er zwischen solchen der öffentlichen Meinung (*idola fori*, d.h. des Marktes) und solchen der Überlieferung. Letztere werden insbesondere durch die Schulen und Universitäten erzeugt, die in ihrem blinden Autoritätsglauben zum Theater werden (daher *idola theatri*). Diese hält Bacon in der Philosophie für besonders gefährlich, da sie anders als die öffentliche Meinung mit dem Anspruch auf wissenschaftliche Wahrheit auftreten.

Unter den Vorurteilen sind die individuellen am schwersten zu bekämpfen, da sie ins Dunkel der menschlichen Seele führen. Nicht zufällig hat Bacon bei der Widerlegung der Idole die *idola specus* beiseite gelassen, offenbar weil ihm die tiefenpsychologischen

113

Kenntnisse fehlten, die uns heute zu Gebote stehen. Sie zeigen, daß ein eigensinniges Beharren auf einer persönlichen Meinung nicht unbedingt ein Zeichen dafür ist, daß es sich um eine innerste Überzeugung handelt. Oft machen wir uns fremde Meinungen so sehr zu eigen, daß sie das eigene Selbst verdecken. Um hier Abhilfe zu schaffen, bedarf es eines besonderen Umgangs mit der Tradition, der die Vorurteile der Schule auflöst.

Niemand bestreitet, daß Bacons Idolenlehre in der Philosophie auch heutzutage Aktualität besitzt. Trotzdem wird ihr nicht die Aufmerksamkeit und Anerkennung zuteil, die sie verdient. Das liegt nicht zuletzt daran, daß die vorgeschlagenen Wege zur Überwindung der Trugbilder nicht so einfach sind, wie Bacon sich das vorgestellt hat. Insbesondere das schlichte Abbild- oder Spiegelmodell der Erkenntnis, das Bacon mit dem Empirismus teilt, ist in dieser Form nicht haltbar. Das hat zu der merkwürdigen Konsequenz geführt, daß in unserem Jahrhundert das Programm der Vorurteilsüberwindung in Frage gestellt wurde. Vor allem hermeneutische Philosophen haben aus der richtigen (übrigens Bacon selbst nicht ganz unbekannten) Einsicht, daß Erkenntnis und Verständnis nicht ohne Zutun des menschlichen Geistes möglich sind, zu einer Rehabilitierung des Vorurteils als solchem angesetzt.

Antworten und Fragen

Die Philosophie steht heute vor der Aufgabe, trotz der Bindung des philosophischen Gedankens an seine Geschichte Wege zum Selbstdenken aufzuzeigen. Dazu ist es erforderlich, im Umgang mit den Klassikern zwei Ebenen zu unterscheiden: die Ebene der Fragen und die der Antworten. Während eine kritische Diskussion der Antworten eine gängige Praxis ist, machen die Interpreten in der Regel vor den Fragen halt. Hier liegt eine große Gefahr. Denn mehr als Antworten sind Fragen Ausdruck der innersten Befürchtungen und Hoffnungen des Menschen. Antworten haben mehr allgemeinen und objektiven Charakter, in den Fragen hingegen bringen die

Menschen ihr Selbstverständnis ein, ihre Individualität. So kann man sagen, daß in den Fragen die subjektive Seite der philosophischen Reflexion zum Ausdruck kommt. Gerade auf diesem Gebiet aber läßt die an Universitäten übliche Interpretationspraxis die Studierenden oft im Stich. Die Schwäche der akademischen Philosophie liegt nicht darin, daß sie die Antworten schuldig bleibt, sondern daß sie die Neugierde auf das vermissen läßt, was jenseits der traditionellen Fragen möglich ist. Insofern entscheidet sich auf dem Feld der Fragen, ob Philosophieren zum Selbstdenken führt oder nicht.

Für den Umgang mit historischen Texten ergibt sich aus dem Gesagten die Forderung, sich bei der Interpretation nicht auf die Diskussion der Antworten oder Problemlösungen zu beschränken. Denn das verführt leicht zu der Annahme, die Fragen der großen Denker seien selbstverständlich oder gar ‹ewig›. Im akademischen Betrieb ist diese Annahme weit verbreitet, da hier anhand klassischer Texte über Jahrhunderte immer dieselben Fragen behandelt werden. Die Ursache dafür ist übrigens nicht nur in der Trägheit der Geister zu suchen, sondern auch in der Nähe der Philosophie zur Theologie, die sich vornehmlich als Antwort gebende Rede versteht. Das macht das Studium oft weltfremd und erzeugt ein Unbehagen, dessen eigentliche Ursache die Studierenden meist nicht durchschauen. Erst wenn sie erkennen, daß die behandelten Fragen an ihren eigenen Problemen vorbeigehen, erwächst der Wunsch, selbst zu denken. Je früher die Studierenden diese Erfahrung machen, desto besser stehen die Chancen, daß sie die Trugbilder der Überlieferung und damit auch die Trugbilder der Höhle hinter sich lassen.

Kants Fragen der Philosophie

Welche Mühe es kostet, sich von der Autorität fremder Fragestellungen zu befreien, kann man am Umgang mit den drei Fragen der Philosophie demonstrieren, die Kant formuliert hat: Was kann ich

115

wissen? Was soll ich tun? Was darf ich hoffen? Bis heute trifft man in Einführungen und Geschichten der Philosophie auf eine gebetsmühlenartige Wiederholung dieser Fragen, an denen erläutert werden soll, womit es Philosophie zu tun hat. Das ist ein bequemes Verfahren, zumal die Formulierungen sehr suggestiv klingen. Allerdings wird dabei häufig übersehen, daß Kants Fragen in einer völlig anderen geistigen Situation entstanden sind als der heutigen. Die Wirklichkeiten, in denen wir leben, sind nicht mehr dieselben wie zu Kants Zeiten. In einer Zeit, in der die Welt zunehmend von Menschen gemacht wird, entspricht der kantische Typus von Was-Fragen nicht mehr unserem Selbstverständnis. Daher drängt es sich auf, sie neu zu formulieren.

Die Frage nach dem, was ich wissen kann, wird von Kant in der Form erörtert, wie sich Vorstellungen auf Gegenstände beziehen. Dabei ging es ihm letztlich um die Sicherung der naturwissenschaftlichen Erkenntnis, die in der Physik Newtons einen gewaltigen Sprung nach vorn gemacht hatte. Diese Problemstellung hat die Erkenntnistheorie bis in unsere Tage bestimmt. Sie geht von der Voraussetzung aus, daß die Welt ein Inbegriff von an sich seienden Gegenständen ist, die zu erkennen und zu beherrschen die Menschen sich zum Ziel gesetzt haben. In unserer Zeit, in der die Welt auf dem besten Weg ist, ein technisch beherrschter Artefakt zu werden, entfällt der Gegensatz von Vorstellungen auf der einen und Gegenständen auf der anderen Seite als Ausgangspunkt der erkenntnistheoretischen Frage. Denn die ‹Gegenstände› werden selbst zu Vorstellungen, genauer zu Zeichen, die sich zu Welten zusammenfügen. Damit verliert auch Kants Unterscheidung von «Erscheinung» und «Ding an sich», mit der er die Realität der erkannten Welt vor der Auflösung in Vorstellungen retten wollte, an Bedeutung.

Durch die Medialisierung unserer Welt steht die Erkenntnistheorie vor einem ganz neuen Problem: Wie erlangt man Erkenntnis, die ganz aus Informationen besteht und mit der sich Welten konstruieren lassen? Angesichts virtueller Welten hat es nämlich keinen Sinn mehr zu fragen, wie man vom Bewußtsein zu den Dingen kommt, da die Dinge immer schon im Bewußtsein sind. Dieser Tatbestand zwingt die Erkenntnistheorie dazu, Anschluß an die Kognitionswissenschaften zu suchen, um den gegenwärtigen Wirklichkeitsbegriff nicht zu verfehlen. Theoretische Philosophie bleibt nur lebendig und stößt nur dann auf echtes Interesse, wenn sie die Verschiebungen in unserem Wirklichkeitserleben berücksichtigt und in ihre Fragestellungen aufnimmt.

Auch in der Moralphilosophie ist Kants Frage, «Was soll ich tun?», nicht das letzte Wort. Sicherlich bedeutete seine Formulierung einen gewaltigen Fortschritt. Denn in der ständisch gegliederten und traditionalistisch geprägten Gesellschaft seiner Zeit spielte das individuelle Subjekt bei moralischen Entscheidungen keine Rolle. Mit dem «Ich» als Subjekt der moralischen Frage wurde die Autonomie des einzelnen hergestellt. Die Formulierung von universalen Handlungsnormen und ihre rationale Begründung bewahrten das Gewissen vor Irrtümern und subjektiver Willkür.

Was zu Kants Zeiten ein kühner Schritt war, ist in der europäischen Kultur zur Selbstverständlichkeit geworden. Das heißt natürlich nicht, daß überall in Europa Gerechtigkeit und Moral herrschen; aber was Gerechtigkeit und Moral für das autonome Individuum bedeuten, darüber besteht kaum Unklarheit. In der Regel wissen wir alle sehr genau, was wir im Rahmen unserer demokratischen Grundordnung zu tun haben. Das Problem ist vielmehr, wie wir das, was wir tun sollen, tun können, ohne uns als die Dummen vorzukommen. Genauer formuliert: In einer durch und durch auf Effizienz abgestellten Welt, in der moralisch Handelnde häufig das Nachsehen haben, fällt es zunehmend schwerer, moralisch zu sein. Natürlich gehörte dem guten Menschen nie der Lohn der Welt; aber neuartig ist die Erfahrung, daß die Menschen sich eine Welt geschaffen haben, in der für moralisches Handeln prinzipiell kein Platz mehr vorgesehen zu sein scheint. Die Verhältnisse sind so unübersichtlich und die Strukturen so mächtig geworden, daß der moralisch Handelnde leicht an den Rand der Verzweiflung getrieben wird. In einer Welt, in der die von Menschen gemachten Strukturen sich gegen die Menschen selbst kehren, lautet die Frage der Moral daher nicht mehr: «Was soll ich tun?», sondern: Wie kann ich in der modernen Welt noch ein moralischer Mensch sein?

Natürlich könnte man einwenden, daß für den wirklich moralisch Denkenden sich diese Frage gar nicht stellt. Aber das trifft nicht zu, da zur Moralität auch die Bedingungen ihrer Verwirklichung gehören. Daher darf sich die Ethik nicht mehr wie bei Kant auf die Begründung absoluter Normen beschränken, sondern muß die psychologischen, sozialen und ökonomischen Voraussetzungen thematisieren, unter denen moralisches Handeln heute noch möglich ist. Die Berücksichtigung der Erfüllungsbedingungen moralischen Handelns bedeutet, daß die Ethik sich mehr als bisher den Erfahrungen zuwenden muß, die der moderne Mensch mit der von ihm selbst mitgestalteten Welt macht.

Derartige Überlegungen haben vielerorts zur Bereicherung der ethischen Thematik geführt. So nimmt die Verantwortung für zukünftige Generationen in der moralphilosophischen Diskussion heute einen breiten Raum ein. Vieles deutet darauf hin, daß die personalistische Ethik, die in Kants Fragestellung ihren klassischen Ausdruck gefunden hat, sich immer mehr in Richtung auf eine Systemethik verschiebt. Individuelle Verantwortung nach dem Motto «Es kommt auf jeden einzelnen an» scheitert an den globalen Strukturproblemen, die sich nicht mehr mit dem guten Willen des einzelnen bewältigen lassen. In den Strukturen begegnet der Mensch der anonymen Seite seiner selbst, wodurch Moralität zu einer erschütternden Erfahrung der Selbstentfremdung des autonomen Subjekts zu werden droht. Ihr kann die Ethik nur durch die Formulierung neuer Fragen begegnen.

Die dritte Frage «Was darf ich hoffen?», die Kant in seiner Religionsphilosophie durch den Hinweis auf ein jenseitiges «Reich der Gnaden» beantwortet, hat in unserer säkularisierten Gesellschaft für viele Menschen einen hohlen Klang bekommen. Das nicht nur deshalb, weil der Glaube an Gott und damit an ein besseres Jenseits schwindet, sondern auch, weil das geschichtsphilosophische «Prinzip Hoffnung» durch die Enttäuschungen der Geschichte gründlich dementiert worden ist. An die Stelle der großen Hoffnung sind die kleinen Hoffnungen des Lebens getreten, die Hoffnungen auf ein gesichertes Einkommen und eine intakte Familie. In einer unübersichtlichen und unsicheren Welt wie der unsrigen, in der mehr denn je gerade junge Menschen von Zukunftsängsten geplagt sind, lautet die Frage: Wie kann man noch hoffen? Es genügt sicherlich nicht, seinen Gefühlen freien Lauf zu lassen, da dann die Wünsche und Ängste so groß werden, daß kein Platz mehr für das Gefühl der Hoffnung bleibt. Der Boden, auf dem die Hoffnung wächst, ist steinig und erfordert Arbeit an sich selbst. Nur wer bereit ist, Verantwortung für sich und auch für andere zu übernehmen, kann sicher sein, daß Hoffnung aufkeimt. Die Hoffnung wird also nicht mehr aus einem überzeitlichen Prinzip oder aus einer universalgeschichtlichen Zielstellung gespeist, sondern liegt in den Handlungsräumen, die wir uns selbst schaffen. Hoffnung in einer funktionalen Welt setzt demnach Mißtrauen gegenüber den Versprechungen voraus, die den Menschen Rettung durch fremde Mächte vorgaukeln. Nur so kann das kritische Denken die Philosophie der Hoffnung davor bewahren, in Ideologie umzuschlagen. In der Verantwortung begegnen die Menschen den Hoffnungen, die den Bedingungen und Möglichkeiten unserer modernen Existenz angemessen sind.

Gegen Ende seines Lebens hat Kant die drei klassischen Fragen auf den Nenner einer einzigen gebracht: «Was ist der Mensch?» Wenn man die Rede vom «krummen Holz» hinzunimmt, aus dem nach Kants Auffassung der Mensch geschnitzt ist, wird das Maß an Realismus deutlich, von dem sich der große Königsberger Philosoph in seinem Bemühen um die Autonomie des Subjekts hat leiten lassen. Im 19. Jahrhundert verschärft sich, nicht zuletzt durch die Ergebnisse der Fachwissenschaften, die skeptische und schließlich pessimistische Einschätzung der Natur des Menschen und seiner Möglichkeiten. Die Biologie definiert den Menschen als «krankes Tier», so daß es den Philosophen immer schwerer fällt, ihn weiterhin für die Krone der Schöpfung zu halten. Um so dringender wird die Aufgabe, dem modernen Subjekt, das nach Rechtfertigung seiner Existenz sucht, Leitbilder an die Hand zu geben. Da «Gott» oder «Natur» als letzte Wertmaßstäbe ihre Verbindlichkeit weitgehend eingebüßt haben, muß sich der Mensch an den Folgen seines eigenen Tuns messen lassen. Daher wird es unabweislich, auch die Frage nach dem Menschen neu zu formulieren. Wenn man weiß, was der Mensch ist, will man wissen, wie der so beschaffene Mensch noch ein gelungenes oder gutes Leben führen kann. Im Zeitalter der totalen Machbarkeit wird das Leben zu einer Kunst, die mehr Kompetenzen erfordert, als die traditionellen Lebensphilosophien erkennen lassen.

Eine Kultur des Fragens

Sicherlich können die Studierenden auf ihrem Weg in die Philosophie nicht mit der Umformulierung der Fragen beginnen. Aber eine «Orientierung Philosophie», die mehr sein will als ein traditioneller Studienführer, muß die Anfänger dafür sensibilisieren, daß Philosophieren etwas mit ihrem eigenen Leben zu tun hat. Und das eigene Leben verläuft nun einmal nicht mehr in den Bahnen der traditionellen Entwicklungs- und Erlebnismuster. Die alten Bildungsideale gelten nicht mehr. Daher sollte man sich nicht damit zufriedengeben, die klassischen Fragen der Philosophie einzuüben und mit den Meisterdenkern weiterzudenken. Auf diese Weise landet man unweigerlich im philosophischen Jargon des akademischen Betriebs. Wir müssen lernen, die Fragen selbst in Frage zu stellen. Nur so wird es der Philosophie gelingen, den Traditionalismus zu überwinden und neue Perspektiven für sinnvolle Veränderungen zu schaffen.

Die Aufforderung zu neuen Fragen ist allerdings keineswegs als Freibrief für unkontrolliertes oder ‹wildes› Fragen zu verstehen. Die Kinderfrage, warum die Banane krumm ist, mag zunächst klug und amüsant klingen, wird in der Wiederholung aber zum Terror. Schon Kants Liste verfolgte den Zweck, die Fragen der traditionellen Metaphysik als nicht beantwortbar aus der wissenschaftlichen Philosophie auszuscheiden. Es gibt also eine Kultur des Fragens, die gepflegt sein will. Wo Selbstdenken zum Irrationalismus führt, muß die akademische Philosophie die Grenzen sinnvollen Fragens deutlich markieren. Das betrifft insbesondere das weite Feld der übersinnlichen Erscheinungen, das in Krisenzeiten viele Menschen anlockt und auf dem die «Esoterik» Wunder verspricht. Jeder, der es mit der Philosophie als Wissenschaft ernst meint, befindet sich angesichts solcher Fragen in Erklärungsnot. Wie man sich in einer derartigen Situation verhält, dafür gibt Kant, der sich selbst eine Zeitlang von dem skandinavischen Geisterseher Emanuel von Swedenborg (1688–1772) hat beeindrucken lassen, eine immer noch gültige Empfehlung, nämlich die, »sich mit dergleichen vorwitzigen oder müßigen Fragen gar nicht zu bemengen und sich an das Nützliche zu halten« (Träume eines Geistersehers, S. 318).

Das klingt nach Utilitarismus und Pragmatismus, wie ihn die Geisterseher den wissenschaftlichen Philosophen gerade zum Vorwurf machen. Aber wenn Kant hier das philosophische Fragen auf die Nützlichkeit verpflichtet, so meint er damit den Nutzen, den die Menschen aus dem Selbstdenken für die Idee des guten Lebens ziehen können. Denn selbst denken schützt vor dem Hang, sich selbst «blauen Dunst», wie Kant sich ausdrückt, vorzumachen, einem Hang, der in Glaubenssachen besonders ausgeprägt ist. Wo starke emotionale Kräfte am Werke sind und sich theoretisch nichts Sicheres sagen läßt, ist Zurückhaltung die beste Verteidigung. Philosophisch denkende Menschen beweisen daher ihre Stärke durch Urteilsenthaltung gegenüber Figuren und Geschichten aus dem Geisterreich. Wer dennoch aus Überzeugung von der Wichtigkeit derartiger Fragen mit aller Macht dahin drängt, für den hält Kant die Antwort bereit:

daß es wohl am ratsamsten sei, wenn sie sich zu gedulden beliebten, bis sie werden dahin kommen. Da aber unser Schicksal in der künftigen Welt vermutlich sehr darauf ankommen mag, wie wir unseren Posten in der gegenwärtigen verwaltet haben, so schließe ich mit demjenigen, was Voltaire seinen ehrlichen Candide nach so viel unnützen Schulstreitigkeiten zum Beschlusse sagen läßt: Laßt uns unser Glück besorgen, in den Garten gehen und arbeiten! (Träume eines Geistersehers, S. 373).

121

Die Arbeit, die Kant in Übereinstimmung mit Voltaire den Menschen ans Herz legt, besteht darin, Voreiligkeit im Denken zu vermeiden und die Fragen genau auf ihre Berechtigung zu prüfen, bevor man sich an ihre Beantwortung macht. In diesem Punkt kann Nietzsche noch heute als Vorbild gelten:

> Ich habe nie über Fragen nachgedacht, die keine sind, – ich habe mich nicht verschwendet. (Ecce homo, KSA VI, S. 278)

Die Umformulierung, Erweiterung, aber natürlich auch die sinnvolle Einschränkung von Fragen macht das Selbstdenken aus, das philosophische Reflexion vor den positiven Wissenschaften auszeichnet. Das wird niemanden zur Überheblichkeit verführen, solange er sich vor Augen hält, daß Selbstdenken ein Akt der Selbsterfahrung ist, der den Philosophen den Spiegel vorhält, in dem sie nicht immer ein gutes Bild abgeben. Das erzieht zur Bescheidenheit. Wo aber diese vorhanden ist, besteht berechtigte Hoffnung darauf, daß der philosophische Geist das verlorene Selbstbewußtsein wiedergewinnt. Selbstdenken durch neue Fragen ist eine unerläßliche Voraussetzung für die Ausbildung von Werten, die im kommenden Jahrtausend sicherlich noch weiter an Bedeutung gewinnen werden: Selbständigkeit und Selbstverantwortung, ohne die ein gutes Zusammenleben der Menschen in Zukunft kaum noch möglich sein wird.

8. Die Philosophie und die Wissenschaften

Ebenso vielschichtig und lehrreich wie das Verhältnis der Philosophie zur Geschichte ist ihre Stellung zu den übrigen Wissenschaften. Die akademische Philosophie versteht sich als Wissenschaft und nimmt als solche einen festen Platz an der Spitze der Fakultät ein, die ihren Namen trägt. Allerdings wird immer häufiger die Frage gestellt, wovon Philosophie eigentlich die Wissenschaft sei. «Die Wissenschaft vom Menschen» lautet eine gängige Antwort – «aber», so die Gegenfrage, «sind dafür nicht Biologie, Medizin, Psychologie und Soziologie zuständig?» Die wissenschaftlich erforschbaren Gegenstände sind auf die Fachwissenschaften verteilt, so daß für die Philosophie außer unsichtbaren Wesenheiten wie Gott und Seele nichts übrigzubleiben scheint.

Diese skeptische Einschätzung hat schon in den sechziger Jahren dazu geführt, die philosophische Fakultät in Fachbereiche aufzuspalten. An vielen deutschen Universitäten existiert die philosophische Fakultät nur noch in reduzierter Form als fachbereichsübergreifende Institution, die den Dr. phil. verleiht. Die Philosophie hat daher allen Grund, sich über ihr Verhältnis zu den Wissenschaften Gedanken zu machen, wenn sie nicht zum bloßen Bildungsfaktor neben den ‹seriösen› Wissenschaften absinken will. In diesem Zusammenhang müssen wir noch einmal auf unsere Überlegungen aus dem ersten Kapitel zur Philosophie als Klärung von Sinn zurückkommen. Die Sinnbilder sind keine beliebigen Erfindungen, sondern ergeben sich aus den Wissenschaften, mit deren Hilfe der Mensch sein Verhältnis zur Welt gestaltet. Daher muß man das Wechselverhältnis zwischen beiden Wissensformen beleuchten, wenn man die Wissenschaftlichkeit der Philosophie bestimmen will. Um das Ergebnis vorwegzunehmen: Die Wissenschaften ohne Philosophie sind unvollständig, die Philosophie ohne Wissenschaften bleibt abstrakte Spekulation.

Die Loslösung der Wissenschaften von der Philosophie

Die schwierige Lage, in der sich die Philosophie neben den übrigen Wissenschaften heutzutage befindet, ist das Resultat einer langen und bisweilen schmerzlichen Entwicklung. In der Antike galt die Philosophie als unbestrittene «Königin der Wissenschaften». Diese Bezeichnung trug sie zu Recht, da die Philosophie mit der Unterscheidung zwischen wahrem Wissen und bloßem Meinen (griechisch *episteme* und *doxa*) die Idee der Wissenschaftlichkeit allererst begründet hat. Nicht zufällig hat Platon die Geometrie als Eingangspforte zur Philosophie bezeichnet. Zu dieser Zeit bestand auch noch kein Unterschied zwischen der Philosophie und den Wissensgebieten, die wir heute als Fachwissenschaften bezeichnen. So umfaßte das philosophische Werk des Aristoteles noch den gesamten Kanon des Wissens von der Logik, Physik, Psychologie, Kosmologie und Zoologie bis hin zur Politik, Ökonomik, Rhetorik und Poetik. Die Identität der Philosophie mit den Wissenschaften hat sich noch weit bis in die Neuzeit hinein gehalten. Leibniz war einer der letzten Universalgelehrten des 18. Jahrhunderts, die neben der Philosophie auf verschiedenen wissenschaftlichen Gebieten Hervorragendes geleistet haben.

Mit der Einführung der experimentellen Methode in den Naturwissenschaften und der zunehmenden Spezialisierung auf allen Wissensgebieten haben sich die Einzeldisziplinen von der Philosophie schrittweise gelöst. Dadurch wurde die einstige Königin zu einer Herrscherin ohne Land. Ihre Entmachtung geschah nicht nur in der Weise, daß ihr die Gegenstände der Forschung entzogen worden sind. Noch schwerer wiegt, daß die Kinder, die sie aus ihrem Schoß entließ, die Idee der Wissenschaftlichkeit in eine Richtung weiterentwickelt haben, die von der philosophischen Rationalität abweicht. Denn an die Stelle der Begründung des wahren Wissens aus Prinzipien trat das methodische Denken, dem es in erster Linie auf Resultate ankommt. Das macht den Fortschritt der neuzeitlichen Naturwissenschaften unaufhaltsam.

Mit der naturwissenschaftlichen Methodenrationalität, die auf strengen Kriterien der mathematischen Formulierung und der experimentellen Überprüfung von Theorien beruht, konnte die Philosophie, die das Ganze des Wissens im Auge hat, nicht mehr mithalten. Die Versuche des Deutschen Idealismus, die Welt in ein System aus Begriffen zu bringen, mißlangen unter anderem auch deswegen, weil das nötige fachwissenschaftliche Fundament fehlte. Infolgedessen hat die Philosophie um die Mitte des 19. Jahrhunderts bei den Gebildeten, insbesondere bei den Naturwissenschaftlern an Ansehen verloren. Das hat eine schwere Krise im Selbstverständnis der Philosophen ausgelöst, die sich besonders stark in Deutschland bemerkbar machte. In Frankreich und in England dagegen bestand durch den Empirismus eine größere Affinität der Philosophie zu den Naturwissenschaften, die im Positivismus von Auguste Comte voll zur Entfaltung kam. Dazu mochten sich die deutschen Philosophen mehrheitlich aber nicht bekennen, da sie im Positivismus eine Reduktion des philosophischen Geistes erblickten, eine nicht hinnehmbare Beschneidung seiner Absolutheitsansprüche. So entstand im 19. Jahrhundert der deutsche Sonderweg, der das Selbstverständnis der Philosophie immer noch prägt.

Die Phänomenologie Edmund Husserls ist ein Musterbeispiel dafür, wie die Philosophie in Deutschland auf die Herausforderung durch die Wissenschaften im Übergang vom 19. zum 20. Jahrhundert reagiert hat. Obwohl Husserl als Mathematiker mit den naturwissenschaftlichen Methoden vertraut war, hat er ihnen lediglich eine instrumentelle Bedeutung zugebilligt, die der Idee philosophischen Wissens nicht genüge. Während methodisches Denken allein auf Berechnung und Vorhersage von Erscheinungen aus ist, hat es die Philosophie laut Husserl mit dem Sein oder Wesen der Dinge zu tun. Folgerichtig macht er es der Phänomenologie zur Aufgabe, das wahre Wissen gegenüber dem methodischen Denken wiederherzustellen und damit der Philosophie ihre Vorzugsstellung unter den Wissenschaften zurückzugeben. Der Philosophie wurde eine eigene Erkenntnisform zugesprochen, die Husserl als «Wesensschau» bezeichnet und die andere Philosophen «intuitive Erkenntnis» nennen. Unter diesen Vorzeichen schien Anfang des

20. Jahrhunderts sogar eine neue Blüte der Metaphysik bevorzuste-
hen. Die Erwartung wurde dadurch begünstigt, daß die mathematischen Wissenschaften in dieser Zeit eine Grundlagenkrise durch-
machten, die dem philosophischen Absolutheitsanspruch recht zu
geben schien. Trotzdem ist es in der Philosophie nie mehr so geworden wie früher. Die Konkurrenz der Wissenschaften ist geblieben,
und alle Versuche, die Idee einer sich selbst genügenden Philosophie
zu realisieren, scheitern am Wandel der wissenschaftlichen Rationalität. Das besagt: Philosophie als Wissenschaft kann sich nur
noch im Verhältnis zu den Fachwissenschaften definieren.

Die modernen Wissenschaften und das philosophische Denken

Auf die Emanzipation der Fachwissenschaften, die im 19. Jahrhundert ihren Höhepunkt erreicht, folgt im 20. Jahrhundert eine
allmähliche Wiederannäherung der Philosophie an die Wissenschaften. Dabei ist es auch für Studienanfänger lehrreich zu verfolgen, wie die modernen Leitwissenschaften die philosophischen
Denkformen geprägt haben und bis heute noch prägen. Wir wollen
das an den drei großen Gruppen von Wissenschaften vorführen:
Naturwissenschaften (einschließlich der Technikwissenschaften);
Geisteswissenschaften (einschließlich der Psychologie); Strukturwissenschaften wie Soziologie, Ökonomie und Biologie. In dieser
Dreiteilung spiegelt sich das viel diskutierte Problem der «Zwei
Kulturen» (C. P. Snow), der naturwissenschaftlich-technischen auf
der einen, der geisteswissenschaftlich-humanistischen Kultur auf
der anderen Seite. Bei vielen Wissenschaftlern und mehr noch im
öffentlichen Bewußtsein gelten beide Kulturen immer noch als unüberbrückbare Gegensätze. In dem Maß, wie sich Strukturwissenschaften entwickelt haben, die sowohl den Natur- als auch den
Geisteswissenschaften zuzurechnen sind, zeichnet sich in jüngster
Zeit ein Ausgleich ab, der auch die Philosophie betrifft. Denn die
Sinnbilder menschlichen Selbstverständnisses, die in der philoso-

phischen Reflexion auf die Wissenschaften hervortreten, machen nicht mehr an methodologischen Grenzen halt, sondern werden von einem neuen Ganzheitsdenken getragen, das im Strukturbegriff zum Ausdruck kommt.

Die mathematischen Naturwissenschaften, insbesondere die Physik, haben die neuzeitliche Erkenntnistheorie bis Kant geprägt. Zwei Hauptströmungen laufen seit dem 19. Jahrhundert nebeneinander. Die eine umfaßt die Neukantianer, die vom «Faktum der Wissenschaften» ausgehen und ihre Begründung im reinen Denken suchen. Hermann Cohen (1842–1918) ist der Hauptvertreter dieser Richtung. Wenn sie auch wichtige Teile der Philosophie Kants aufgeben, halten die Neukantianer doch am Apriorismus fest, dem zufolge die menschliche Vernunft der Natur die Gesetze vorschreibt. Dieser Standpunkt führt zur Definition von Philosophie als «Grundwissenschaft». Im Laufe des 20. Jahrhunderts stößt ihr Anspruch bei den Fachwissenschaftlern allerdings immer stärker auf Vorbehalte. Denn die Fachwissenschaften führen die Klärung ihrer Grundbegriffe, die ohne Spezialwissen nicht mehr kompetent erfolgen kann, längst in eigener Regie durch. Heutzutage verwehren sich Physiker oder Biologen zu Recht dagegen, wenn Philosophen ihnen durch bloße Begriffsklärung ins Handwerk pfuschen wollen. Die Philosophen haben daraus die heilsame Lehre gezogen, ihren Begründungsanspruch gegenüber den Wissenschaften zu reduzieren. Statt eine Grundlegung oder gar ein Gesamtsystem anzustreben, beschränken sie sich zunehmend auf eine Rekonstruktion der Erkenntnismethoden: Erkenntnistheorie geht somit in Wissenschaftstheorie über.

Damit kommen wir zur zweiten Hauptströmung, die sich an die empirischen Wissenschaften hält. Sie nimmt ihren Anfang im 19. Jahrhundert bei Ernst Mach und erlebt in Karl Poppers «Logik der Forschung» von 1935 ihre erste Blüte. Popper hat den Empirismus von Ernst Mach zum «Falsifikationismus» weiterentwickelt, welcher besagt, daß Theorien nur so lange Gültigkeit beanspruchen können, bis sie durch neue Tatsachen widerlegt werden. Poppers «Logik der Forschung», das Grundbuch des «kritischen Rationalismus», wurde und wird noch heute von Fachwissenschaftlern und Philosophen gleichermaßen als wissenschaftstheoretisches Standardwerk geschätzt. Das liegt nicht zuletzt daran, daß Popper in der Theorienbildung dem menschlichen Geist eine kreative Rolle zubilligt, ohne ihn dadurch zum Ursprung der Welt zu machen. Insofern bleibt die Wissenschaftstheorie des kritischen Rationalismus durch die Ausrichtung des Geistes auf die Welt einem Realismus verpflichtet, der den Denkformen der experimentellen Forschungspraxis entspricht.

Sosehr sich Apriorismus und Empirismus auch in der Einschätzung der Rolle des menschlichen Geistes voneinander unterscheiden, so verbindet sie doch die Grundüberzeugung, daß wissenschaftliche Theorien es mit einer Wirklichkeit zu tun haben, in der es keinen Raum für Unbestimmtheit gibt. Ernst Mach hat das «Ideal der eindeutigen Bestimmtheit» in seinem Buch «Erkenntnis und Irrtum» (1905) klassisch formuliert:

> Die allgemeinen, sich häufig wiederholenden Formen der Sätze der Theorie werden verständlich, wenn man dieselben unter dem Gesichtspunkt unseres Bedürfnisses nach Bestimmtheit und insbesondere nach eindeutiger Bestimmtheit betrachtet. Alles gewinnt hierdurch an Klarheit und Durchsichtigkeit. Wenige Bemerkungen genügen für den Physiker. Physikalische Differenzen bestimmen alles Geschehen, und die Verkleinerung der Differenzen überwiegt in dem Ausschnitt des Geschehens, welchen wir ins Auge fassen. Wo viele gleichartige Differenzen in derselben Weise das Geschehen in einem Punkt bestimmen, ist das Mittel der Differenz bestimmend. (Erkenntnis und Irrtum, S. 457 f)

Obwohl Mach die Substanzmetaphysik verabschiedet und alles auf Differenzen bzw. Relationen zurückführt, hält er doch an der Bestimmtheit als Ideal wissenschaftlicher Rationalität fest. Der Abschied von der Bestimmtheit war den philosophischen Strömungen vorbehalten, deren Rationalität von der zweiten großen Gruppe der Wissenschaften, den Geisteswissenschaften, geprägt ist. An der Spitze der Geisteswissenschaften des 19. Jahrhunderts stehen Psychologie und Geschichte. Das Programm der Geisteswissenschaften ist zunächst von Wilhelm Dilthey entwickelt worden. Er führt den Unterschied von Natur- und Geisteswissenschaften darauf zurück, daß naturwissenschaftliches Erklären mit Zeichensystemen arbeitet, während geisteswissenschaftliches Verstehen die Erlebniswirklichkeit unmittelbar und unverzerrt zum Ausdruck bringt. Das ist der Ausgangspunkt der hermeneutischen Philosophie, die heute im Werk von Hans-Georg Gadamer weiterlebt. Ihr Wahrheitsbegriff schließt mathematisch-naturwissenschaftliche Methoden aus und erhebt den Anspruch, die Sachen selbst zu erfassen.

Die Prägung der Philosophie durch die Geisteswissenschaften tritt in anderer Akzentuierung auch in der südwestdeutschen Richtung des Neukantianismus zutage. Berühmt ist Wilhelm Windelbands Einteilung der Wissenschaften in «ideographische» und «nomothetische», das heißt in individuelle Ereignisse beschreibende Geschichtswissenschaften und Gesetze formulierende Naturwissenschaften. Der bis zum Ersten Weltkrieg in Deutschland führende Neukantianer Heinrich Rickert (1863–1936) hat daraus die Unterscheidung von «Naturwissenschaften» und «Kulturwissenschaften» abgeleitet. Kulturwissenschaften nennt er alle Wissenschaften, die ihre Begriffe nach dem Prinzip «theoretischer Wertbeziehung» bilden. Vom logischen Standpunkt aus zieht Rickert «Kulturwissenschaft» der Bezeichnung «Geisteswissenschaften» vor, doch in der Sache ist der Unterschied zu Dilthey nicht so groß, wie Rickert ihn macht. Beide beziehen sich auf das zuständliche Bewußtsein, das dem gegenständlichen Erkennen der exakten Wissenschaften vorausgeht. Daher hat die kulturwissenschaftliche Ausrichtung der Philosophie nicht mehr die Bestimmtheit der mathematischen Methode. Rickerts Philosophiebegriff rückt damit eindeutig in die Nähe der Geisteswissenschaften.

Die dritte philosophische Richtung, die sich die geisteswissenschaftlichen Denkformen zu eigen macht, ist die bereits genannte Phänomenologie Edmund Husserls. Zwar erhebt Husserl den Anspruch, Philosophie als «strenge Wissenschaft» zu begründen; doch ist unübersehbar, daß die Phänomenologie eine Spielart der beschreibenden Psychologie darstellt, die dem Horizontcharakter der psychischen Phänomene Rechnung trägt. Obwohl sich Husserl programmatisch von Diltheys «Weltanschauungsphilosophie» abgrenzt, bleibt auch er dem Ideal der Geisteswissenschaften verbunden. Er zählt sogar die Biologie zu den Geisteswissenschaften und bezeichnet die Philosophie als die Wissenschaft vom «sich selbst durchsichtigen Geist».

So groß die Schulstreitigkeiten zwischen den genannten Strömungen auch waren, sie alle verband die Opposition zur naturwissenschaftlichen Methode. Der Kampf der geisteswissenschaftlichen Philosophie galt insbesondere dem mechanistischen Weltbild des 19. Jahrhunderts, das als Bedrohung für die menschliche Subjektivität empfunden wurde. Betrachtet man die geisteswissenschaftliche Philosophie vor diesem Hintergrund, so besteht ihre unbestreitbare Leistung darin, in einer entzauberten Welt der Technik sensibel geblieben zu sein für die emotionalen Bedürfnisse des Subjekts. Ihre Befriedigung suchte man im Festhalten an der vorindustriellen Tradition, in der die Menschen ihre personale und kulturelle Identität bewahrt sahen.

Allerdings sind die Grenzen der konservativen Orientierung geisteswissenschaftlicher und hermeneutischer Philosophie nicht zu übersehen. Subjektivismus und Historismus enden leicht im Konservatismus. Das zeigt sich insbesondere an der Distanz der geisteswissenschaftlichen Philosophie gegenüber der technischen Entwicklung. «Dämonie der Technik» lautete die Abwehrformel der Philosophen in den zwanziger Jahren, in einer Zeit, in der die Technik längst zu den Lebensgrundlagen der modernen Industrienationen geworden war. Heideggers Technikkritik ist dafür ein sprechendes Beispiel. Noch heute machen sich die Folgen der Technikfeindlichkeit hinderlich bemerkbar. Das einseitig herkunftsorientierte Denken verhindert besonders in der deutschen Philosophie eine realistische Einschätzung der Chancen und Risiken des technischen Fortschritts. Natürlich soll hier keiner naiven Technikeuphorie das Wort geredet werden; aber der Weg zu einem tragfähigen Begriff philosophischer Rationalität in unserer Zeit führt über die Einsicht, daß Wissenschaft und Technisierung zusammengehören.

Strukturwissenschaften

Die Schwierigkeiten der geisteswissenschaftlichen Philosophie mit der Technik sind Anlaß für gegenwärtige Bemühungen, den Gegensatz beider Kulturen, der naturwissenschaftlich-technischen und der geisteswissenschaftlich-humanistischen, zu überwinden. Die Überwindung kommt aber nicht allein von der Philosophie, sondern geht auf Wissenschaften zurück, die in das alte Einteilungsschema nicht mehr einzuordnen sind. Zu ihnen zählen insbesondere Soziologie, Wirtschaftswissenschaften und Biologie. Alle drei tragen wahrscheinlich zur Ablösung der ausschließlich natur- oder geisteswissenschaftlichen Orientierung der Philosophie bei. Daher ist es auch für Anfänger unerläßlich, sich mit diesen Entwicklungen vertraut zu machen. Das herkömmliche Einteilungsschema wird in Zukunft nicht mehr ausreichen, um die Angebote richtig einzuschätzen und ein Studium der Philosophie erfolgreich zu absolvieren.

Das Besondere der genannten Wissenschaften besteht darin, daß sie sich hauptsächlich an strukturwissenschaftlichen Denkformen orientieren. Als Strukturwissenschaften bezeichnet Carl Friedrich von Weizsäcker nicht nur die Mathematik, sondern auch die Gruppe von Wissenschaften, die sich zur Beschreibung ihrer Gegenstände formaler Regelsysteme bedienen. Diese sind unter den Namen Systemtheorie, Informationstheorie, Kybernetik, Spieltheorie usw. bekannt. In dem Maß, wie ihre Methoden in die Fachwissenschaften eindringen, wird man diese selbst als abstrakte Strukturwissenschaften verstehen lernen. Das zeichnet sich auch für die Philosophie ab, so daß die Grenzen zu den empirischen Wissenschaften allmählich verschwimmen.

Um die Eigenart der strukturwissenschaftlichen Rationalität zu erfassen, bedarf es einiger Erläuterungen zum Gebrauch des Strukturbegriffs. Obwohl «Struktur» in der Biologie und der Psychologie des 19. Jahrhunderts schon eine zentrale Rolle spielte, ist sie erst zu Beginn dieses Jahrhunderts in der Linguistik zum Leitbegriff aufgestiegen. Seit der Gründung der modernen Sprachwissenschaft durch

Ferdinand de Saussure tritt die Linguistik als «Strukturalismus» auf und dient als Vorbild für andere Wissenschaften, insbesondere für die Ethnologie. Hier ist vor allem auf den Kulturanthropologen Gregory Bateson zu verweisen, der in seinem Buch «Naven» (1936) den Begriff der sozialen Struktur auf die emotionale Seite des kulturellen Lebens ausgedehnt hat, die er «Ethos» nennt. Damit befreit Bateson das Gefühlsleben aus dem Gefängnis der Tiefgründigkeit, in das es von der Romantik verbannt worden war. Was in den dreißiger Jahren noch als Skandal empfunden wurde, die Verbindung von Emotionen und Strukturen, die einen kontrollierten und kreativen Umgang der Menschen mit ihrem eignen Inneren ermöglicht, wird von der Kultursoziologie der Gegenwart als selbstverständlicher Stil der modernen Erlebnisgesellschaften beschrieben. Die neuen Strukturwissenschaften umfassen demnach alle Bereiche des menschlichen Lebens. Gemeinsam ist ihnen, daß sie die Fülle der Einzelerscheinungen nach Beziehungen ordnen, ohne von einem substantiellen Fundament auszugehen. Denn wie der linguistische Strukturalismus lehrt, tragen Zeichenverbindungen sich selbst, indem sich die einzelnen Zeichen gegenseitig stützen. Dieser Grundgedanke wird in den Strukturwissenschaften auf verschiedenen Ebenen der Wirklichkeit realisiert.

Inwieweit die genannten Strukturwissenschaften, Soziologie, Ökonomie und Biologie, dazu geeignet sind, die philosophische Rationalität zu verändern, soll in einem kurzen Durchgang verdeutlicht werden. Zunächst zur Soziologie, die seit ihrer relativ späten Entstehung im 19. Jahrhundert eine wechselhafte Geschichte heftiger Methodenkämpfe durchlebt hat. In diese Geschichte war von Anfang an die Philosophie verwickelt. Hier sei nur Max Weber (1864–1920) genannt, dessen wissenschaftstheoretische Auffassungen vom Neukantianismus Rickerts geprägt sind und entscheidend zur Ausbildung der Soziologie als Strukturwissenschaft beigetragen haben.

Da hier kein Platz ist für einen geschichtlichen Abriß der Soziologie, mögen einige Stichworte genügen. Die theoretisch derzeit am höchsten entwickelte Form der Soziologie von Niklas Luhmann arbeitet mit systemtheoretischen Grundbegriffen. Dieser Ansatz hat in den sechziger Jahren zu einer scharfen Kontroverse mit der Kritischen Theorie geführt, die als «Positivismusstreit» in die Geschichte eingegangen ist. So hart die Meinungen seinerzeit auch aufeinanderprallten und sosehr Jürgen Habermas dem Systemdenken Unfähigkeit zur Selbstreflexion vorgeworfen hat, aus der Rückschau ist unverkennbar, daß die Opposition nicht so tiefgreifend war, wie es den Kontrahenten selbst vorkam. Denn der von Habermas aus den amerikanischen Sozialwissenschaften in die deutsche Soziologie eingeführte sprachpragmatische Ansatz läßt sich durchaus strukturwissenschaftlich interpretieren. Das ist sogar nötig, damit Reflexion durch Regelsysteme abgesichert wird.

Die Strukturwissenschaften bestimmen auch die gegenwärtige Kultursoziologie, die sich am phänomenologischen Begriff der Lebenswelt orientiert, sich aber nicht scheut, auch soziobiologische Ansätze in ihre Überlegungen einzubeziehen. Damit ist die Kultursoziologie auf dem besten Weg, die traditionelle Opposition von «nomologisch» und «morphologisch» zu unterlaufen, was der strukturwissenschaftlichen Rationalität durchaus entspricht. Gegenüber dem traditionellen Schichtenmodell haben sich die Grundbegriffe der Selbststeuerung, der Vernetzung usw. durchgesetzt. Damit wirkt die Soziologie stärker denn je in die Philosophie hinein, die sich um eine lebensweltliche Konkretisierung der reinen Denkformen bemüht. Das zeigt sich besonders in der Moralphilosophie und der politischen Philosophie. Wertapriorismus und rationale Normenbegründung werden kaum noch als hinreichende Instrumente empfunden, um die sozialen Wirklichkeiten zu beschreiben, in denen sich moralisches und politisches Handeln bewegt. Beispiele dafür liefern neben der Diskursethik von Apel und Habermas die «Theorie der Gerechtigkeit» von John Rawls, die Fairneß als formale Struktur nach dem Vertragsmodell interpretiert.

Die zweite Gruppe der strukturwissenschaftlich ausgerichteten Leitwissenschaften der Gegenwart sind die Wirtschaftswissenschaften. In unserer Zeit der Auflösung der bürgerlichen Gesellschaften und der Nationalstaaten, in der ökonomische Strukturen zum dominierenden Ordnungsfaktor aufrücken, beschreiben die Wirtschaftswissenschaften die gesellschaftliche Realität zweifellos am besten. Das war allerdings nicht immer so. In den antiken Stadtstaaten, in deren Selbstverständnis die Wirtschaft nicht die dominierende Rolle spielte, stellte die Ökonomie eine untergeordnete Disziplin dar. Mit der beginnenden Industrialisierung Europas rückte die politische Ökonomie zum Hauptthema der Philosophie des Liberalismus auf. Hier entfaltete der strukturwissenschaftliche Grundbegriff der Selbstregulation seine breiteste Wirkung. Diese Entwicklung ist später von Karl Marx, dessen ökonomische Kategorien noch eindeutig dem Denken in Substanzbegriffen verpflichtet sind, in die Richtung einer revolutionären Geschichtsphilosophie umgelenkt worden. Erst nach dem Zusammenbruch des Marxismus ist die Bahn für das Strukturdenken wieder frei.

Anzeichen dafür kommen gegenwärtig von der Neuen Ökonomie, die den Schritt vom Substanzbegriff zum Funktionsbegriff vollständig vollzogen hat. Der Wandel der Rationalität hängt damit zusammen, daß die Wirtschaft nicht mehr aus der Perspektive der Überwindung von Mangel, sondern der Bewältigung von Überfluß interpretiert wird. Die Überflußperspektive ist gekoppelt an eine Verlagerung der ökonomischen Prozesse von der naturalen auf eine rein semantische Ebene. Warenaustausch wird zur Zeichenzirkulation, die sich formal beschreiben läßt. Diese Prozesse spiegeln die Herrschaft des strukturwissenschaftlichen Denkens in der Ökonomie. Ein anschauliches Beispiel für diese Art von Transaktionen ist das Börsengeschäft, das die bürgerliche Gesellschaft in eine Shareholdergesellschaft verwandelt.

Die Auswirkungen des Wandels ökonomischer Denkformen auf die Philosophie machen sich allenthalben in der Sozialphilosophie und in der Wirtschaftsethik der Gegenwart bemerkbar. Hier soll noch einmal auf den Klassiker der Moderne hingewiesen werden, der diese Entwicklung schon vor hundert Jahren vorgezeichnet hat: Georg Simmels «Philosophie des Geldes». Er entwickelt eine kulturphilosophische Perspektive, die um die Wende zum neuen Jahrtausend nichts an Aktualität eingebüßt hat. Die Tragfähigkeit des strukturwissenschaftlichen Denkens kommt bei Simmel darin zum Ausdruck, daß er im Unterschied zu Marx die Utopie nicht in einen gesellschaftlichen Endzustand verlegt, sondern in den unaufhaltsamen Prozeß der Verwandlung des menschlichen Handelns in den Gebrauch von Zeichen, denen keine substantiellen Werte mehr entsprechen. Daraus zieht Simmel die Folgerung, daß objektiver Geist nichts anderes sein kann als ein System sich selbst stützender Aussagen und daß philosophisches Wahrheitsstreben darin besteht, die Kohärenz dieses Systems zu wahren.

Den ersten Rang unter den strukturwissenschaftlichen Leitwissenschaften nimmt derzeit die Biologie, genauer die Neurobiologie ein. Durch die informationstheoretische Deutung des genetischen Materials öffnen sich die Grenzen zur Physik auf der einen und zur Informatik auf der anderen Seite. Noch bedeutsamer ist die Erforschung des Gehirns mit kybernetischen Modellen, welche die Simulation der neuronalen Strukturen durch Computerprogramme ermöglichen. Dieses Modell hat in der theoretischen Philosophie dazu geführt, daß die Kognitionswissenschaften daran arbeiten, Bewußtsein als Vernetzung propositionaler Zustände zu rekonstruieren. Die Leitbegriffe sind «Rekursivität» und «Selbstreferentialität», die sowohl in der Logik als auch in der Kybernetik Anwendung finden.

Die strukturtheoretische Denkform beherrscht auch verschiedene Strömungen des Konstruktivismus, die heute in der Erkenntnistheorie die Richtung bestimmen. Sie reichen vom Interpretationismus bis zum radikalen Konstruktivismus, die davon ausgehen, daß man von Erkenntnis der Wirklichkeit nur innerhalb semantisch geschlossener Informationsverarbeitungssysteme sprechen kann. All diese Bewegungen haben dem Strukturbegriff in der theoretischen Philosophie zum Durchbruch verholfen. Die von der Biologie ausgehende Ausweitung strukturwissenschaftlicher Ansätze ist dazu angetan, die Schwierigkeiten zu überwinden, die sich für die Erkenntnistheorie aus dem Gegensatz von Vorstellung und Wirklichkeit ergeben. Insofern spricht vieles dafür, daß die Befürchtungen, die Annäherung der Philosophie an die Wissenschaften führe zwangsläufig zum Reduktionismus, nicht unbedingt berechtigt sind.

Philosophie als Strukturwissenschaft

Die strukturwissenschaftliche Rationalität, an der Philosophie und Fachwissenschaften gleichermaßen Anteil haben, entspricht wie keine andere Denkform zuvor dem funktionalen Philosophiebegriff. Dieser sieht die Aufgabe philosophischer Reflexion darin, die in wissenschaftlichen Begriffen und Theorien enthaltenen Sinnbilder des menschlichen Selbstverständnisses in klärender Absicht freizulegen. Sinnbilder sind keine Urbilder, die außerhalb des menschlichen Wissens existieren, sondern spezifische Muster oder Strukturen wissenschaftlichen und lebensweltlichen Wissens, in denen sich das menschliche Bemühen um moralische Orientierung ausspricht. Für die Philosophie bedeutet das eine Herausforderung und einen Anreiz: Will sie heute noch als Wissenschaft gelten, muß sie ihre Fragen in Strukturbegriffen formulieren.

Der Unterschied zu den Fachwissenschaften liegt in der Absicht, mit der die Philosophie über Struktur und Funktion reflektiert. Während die Wissenschaften seit je auf der Suche nach Instrumenten der Naturbeherrschung sind, geht es der Philosophie darum, den Gebrauch der Instrumente für das menschliche Selbstverständnis akzeptabel und verträglich zu machen. Ein Grundbegriff der modernen Strukturwissenschaften ist die Selbstbezüglichkeit, die in der geisteswissenschaftlichen Tradition «Reflexion» heißt. Damit objektiviert das Strukturdenken die von der Philosophie betreute subjektive Seite der Wissensverarbeitung und überwindet zugleich die Kluft von Bestimmtheit und Unbestimmtheit, die natur- und geisteswissenschaftliches Philosophieren lange Zeit voneinander getrennt hat. Auf diese Weise kommt der Philosophie eine vermittelnde Funktion zu; sie leistet die Arbeit der Wissenschaften gleichsam noch einmal auf der Ebene der Selbstreflexion.

Aus dem dargestellten Wechselverhältnis von Philosophie und Wissenschaften ergeben sich für die Praxis des Philosophiestudiums weitreichende Konsequenzen. Es wird nämlich deutlich, daß Philosophie gemäß dem modernen funktionalen Verständnis geradezu nach einem interdisziplinären Studium verlangt. Schon im 2. Kapitel haben wir die Empfehlung ausgesprochen, Philosophie zusammen mit einem beruflich erfolgversprechenden Fach zu studieren. Diese eher pragmatische Betrachtung erfährt nun ihre philosophische Begründung. Denn nur wer sich mit einer modernen Strukturwissenschaft vertraut macht, bekommt die drängenden Probleme und Aufgaben in den Blick, denen sich die Philosophie in unserer Zeit des rasanten Wissenswandels nicht mehr verschließen darf.

Dem Anfänger mag die Thematik äußerst komplex und schwierig erscheinen. Aber vielleicht können diese Einblicke den Studierenden vor Augen führen, wo ihre philosophischen Neigungen auf fruchtbaren Boden fallen. Zunächst wird deutlich, daß auch und gerade der mathematisch und naturwissenschaftlich Interessierte, der traditionell der geisteswissenschaftlichen Philosophie fernsteht, in der Philosophie als Strukturwissenschaft ein interessantes Betätigungsfeld findet. Niemand, der sich zu mathematischen Formeln oder Computersprachen mehr hingezogen fühlt als zu klassischen Texten, sollte sich dadurch abhalten lassen, Philosophie als Studienfach zu wählen. Nur muß er natürlich bei der Wahl der Universität darauf achten, daß dort eine entsprechende wissenschaftstheoretische Richtung vertreten wird. Neben den Hochschulen, also außerhalb etablierter Studiengänge, reagieren auch zunehmend Forschungsinstitute mit interdisziplinären Projekten auf die Herausforderung, die von den modernen Strukturwissenschaften für die Philosophie und speziell für die Wissenschaftstheorie ausgeht. Wer diese Angebote nutzt, die durch die Einrichtung neuer privater Hochschulen sicherlich noch erweitert werden, erhält die Chance, an einer Entwicklung der Wissensformen teilzunehmen, aus der die Philosophie vielleicht in gewandelter Gestalt und mit neuem Selbstbewußtsein hervorgehen wird.

Umgekehrt finden die philologisch Interessierten und belletristisch Begabten, die der Philosophie traditionell näher stehen, in der strukturwissenschaftlichen Ausrichtung eine gute Gelegenheit, ihr Denken einer streng logischen Disziplin zu unterstellen. Immerhin gehören Poetik, Rhetorik und Logik zu den Strukturwissenschaften, und es wäre bedauerlich, wenn die Studierenden die strukturwissensschaftlichen Möglichkeiten zur Integration der verschiedenen Denkformen nicht wahrnehmen würden. Nichts wäre in der gegenwärtigen Situation verfehlter, als der Verlockung nachzugeben, den Funktionalismus der modernen Philosophie als Sündenfall der Vernunft zu betrachten und im Historismus Zuflucht zu nehmen. Hier lauern gefährliche Illusionen, die leicht übersehen lassen, daß unsere Lebenswelt ein Produkt wissenschaftlich-technischer Rationalität ist, das nur aus dieser Perspektive angemessen beurteilt und, wo nötig, gezielt verändert werden kann. Daher ist es mit der Beschwörung der humanistischen Bildung nicht mehr getan. Eine vordringliche Aufgabe der Philosophie liegt vielmehr darin, die Spaltung der einen menschlichen Lebenswirklichkeit in zwei Kulturen zu überwinden, um dem Selbstverständnis der Moderne den Weg zu bahnen.

Wenn Philosophie ihren Platz als Wissenschaft neben den übrigen Wissenschaften behaupten will, so kann sie das vor allem in der Form, daß sie den Lebensbezug aller Erkenntnis und Wissenschaft zum Thema macht. Vor nunmehr fast hundert Jahren hat Husserl in seiner Programmschrift «Philosophie als strenge Wissenschaft» die Aufgabe in einer Weise formuliert, die bis heute vorbildlich geblieben ist:

> Die geistige Not unserer Zeit ist in der Tat unerträglich geworden. Wäre es doch nur die theoretische Unklarheit über den Sinn der in den Natur- und Geisteswissenschaften erforschten «Wirklichkeiten», was unsere Ruhe störte – inwiefern nämlich in ihnen Sein im letzten Sinne erkannt, was als solches «absolutes» Sein anzusehen und ob dergleichen überhaupt erkennbar sei. Es ist vielmehr die radikalste Lebensnot, an der wir leiden, eine Not, die an keinem Punkte unseres Lebens haltmacht. Alles Leben ist Stellung nehmen, alles Stellungnehmen steht unter einem

Sollen, einer Rechtssprechung über Gültigkeit oder Ungültigkeit nach prätendierten Normen absoluter Geltung. (Philosophie als strenge Wissenschaft, S. 336)

Was uns heute allerdings von Husserl unterscheidet, ist die Einsicht, daß sich «Normen von absoluter Geltung» aus den Strukturwissenschaften nicht mehr ableiten lassen. Letztlich sind es die Regeln der Wissensverarbeitung selbst, die uns grundlegende Orientierungsmuster und Entscheidungshilfen für das gesellschaftliche Leben bieten. An diese muß sich der Mensch halten, um in den von ihm selbst geschaffenen Welten auch in Zukunft ein einigermaßen humanes Leben führen zu können.

9. Die Philosophie im Verhältnis zur Kunst und Religion

In der allgemeinen Meinung zählt Philosophie weniger zur Wissenschaft, sondern wird mehr mit zwei anderen Gebieten in Verbindung gebracht: mit Religion und Kunst. Zwar ist die Unterscheidung von Wissen und Glauben geläufig, doch die der Philosophie und insbesondere der Metaphysik zugeschriebene ‹höhere› Form des Wissens rückt dieses in die Nähe von Glaubenswahrheiten. Ähnlich verhält es sich im Hinblick auf die Kunst. Was Kunstwerke in sinnlich-anschaulicher Form ausdrücken, soll in begrifflicher Form auch in der Philosophie zu finden sein. Dafür scheint die dichterische Sprache mancher Philosophen zu sprechen, so daß der Philosoph und der Dichter gern als Zwillingsbrüder betrachtet werden.

Derartige Erwartungen werden auch im akademischen Unterricht, in dem Philosophie als Wissenschaft auftritt, von manchen Denkrichtungen genährt. Bei allem Bemühen um Objektivität machen sich auch in der wissenschaftlichen Philosophie Affinitäten zur Religion und zur Kunst bemerkbar, die man nicht einfach ignorieren darf. Daher ist das Verhältnis zwischen den drei Gebieten genauer zu bestimmen. Denn wo die Grenzen unkritisch verwischt werden, droht die Gefahr einer unkontrollierbaren Wucherung des Denkens, die weder der Philosophie noch der Kunst und der Religion zum Vorteil gereicht.

Bevor wir die notwendigen Abgrenzungen vornehmen, wollen wir uns vor Augen führen, in welchem Maß der philosophische Gedanke Momente der Kunst und der Religion einbezieht. Die gegenwärtige Situation läßt sich etwa so beschreiben: Neben den ‹harten›, streng methodisch ausgerichteten Denkern gewinnen im akademischen Bereich zunehmend Philosophen an Bedeutung, deren Schriften eine große Affinität zur Kunst bzw. zur Literatur besitzen. Ihre stilistische Virtuosität macht sie unverwechselbar und sicher ihnen einen festen Platz in der kulturellen Landschaft. Ein prominentes Beispiel dafür sind die Schriften von Theodor W. Adorno, der die künstlerische Seite der Philosophie zum Programm gemacht hat:

> Analog zur Kunst hätte Philosophie nicht sich auf Kategorien zu bringen, sondern in gewissem Sinn erst zu komponieren. Sie muß in ihrem Fortgang unablässig sich erneuern, aus der eigenen Kraft ebenso wie aus der Reibung mit dem, woran sie sich mißt; was in ihr sich zuträgt, entscheidet, nicht These oder Position; das Gewebe, nicht der deduktive oder induktive, eingleisige Gedankengang. Daher ist Philosophie wesentlich nicht referierbar. Sonst wäre sie überflüssig; daß sie meist sich referieren läßt, spricht gegen sie. (Negative Dialektik, S. 24)

Die Flucht aus der Kategorie in die Komposition prägt die essayistische, aphoristische oder narrative Form einer Philosophie, die von Denkern praktiziert wird, die sich heutzutage, nicht ohne Selbstironie, als «Transzendentalbelletristen» bezeichnen. Die Faszination, die von diesem Typus des Philosophierens auf musisch veranlagte Geister ausgeht, ist groß. Denn Philosophie, die sich als Literatur versteht und präsentiert, kommt dem Erlebnisfaktor entgegen. Das steht auch im Einklang mit der Ästhetisierung unserer Lebenswelt. Wer an der Möglichkeit der Wahrheitsfindung zweifelt und unter Philosophie nichts anderes versteht als das Bewußtsein davon, Philosophie zu sein, für den bietet die Selbststilisierung einen willkommenen Ausweg.

Etwas anders sieht es gegenwärtig mit religiösen Formen in der Philosophie aus. Natürlich gibt es an Universitäten Philosophen, die sich ausdrücklich zu einer christlichen Einstellung bekennen. Aber das führt in der Regel nicht mehr dazu, daß philosophische Schriften zu Bekenntnissen oder Katechismen werden. Die Zeit des mystischen Schrifttums scheint vorbei zu sein. Und auch philosophische Katechismen wie die berühmt-berüchtigte «Mao-Bibel» gehören der Vergangenheit an. In einer Form allerdings bleibt die religiöse Ausrichtung in der Philosophie lebendig, nämlich in der seit dem 19. Jahrhundert immer wieder aufsteigenden Konjunktur des Mythos, von dem sich die antike Philosophie schon emanzipiert hatte. Die Umkehrung des angeblich naiv aufklärerischen Schemas «vom Mythos zum Logos» wird von denjenigen Philosophen genutzt, die zwischen Philosophie und Religion keinen prinzipiellen Unterschied machen. Das hat zu einer sogenannten «neomythischen Kehre» geführt, der zufolge der Polytheismus zur höchsten Form philosophischer Reflexion aufrückt. Wo Denker nicht nur Überzeugungen haben, sondern an diese auch noch glauben, verschwimmt die Grenze zwischen philosophischer Sinnklärung und religiösem Gefühl.

Wie sind diese Erscheinungen im Hinblick auf die wissenschaftliche Philosophie zu bewerten? In der Beantwortung dieser Frage ist zwischen Kunst und Religion zu unterscheiden. Die Interferenzen von Philosophie und Kunst bereiten weniger Probleme als die von Philosophie und Religion. Daher soll zunächst das Verhältnis der Philosophie zur Kunst betrachtet werden. Dann werden Kriterien für die Abgrenzung von Philosophie und Religion erarbeitet. Schließlich folgen einige Empfehlungen, wie die Studierenden sich in der gegenwärtigen Situation orientieren können.

Kunstformen der Philosophie

Affinitäten zwischen Philosophie und Kunst bzw. Literatur haben immer bestanden. Sie sind die Folge des gemeinsamen Ursprungs aus dem Mythos. Platon, der einerseits die Dichter wegen ihrer sittengefährdenden Lügenhaftigkeit aus dem Staat der Philosophen verbannt, bedient sich andererseits in seinen philosophischen Dialogen der mythischen Bilder als Erkenntnismittel. Auch in der neuzeitlichen Geschichte der Philosophie ist das rationalistische Programm «vom Mythos zum Logos» nie vollständig und konsequent erfüllt worden. In der Renaissance war es der Dichter-Philosoph Giordano Bruno, der die antike Mythologie wieder zu Ehren gebracht hat. Im Deutschen Idealismus schreibt Friedrich Wilhelm Schelling eine «Philosophie der Mythologie und Offenbarung» mit dem Ziel, die Grenzen zwischen Philosophie, Kunst und Religion aufzulösen. Der Gegenstand der Philosophie wird mit dem der Kunst identifiziert: Beide streben nach der Erfahrung des ‹Absoluten›. In der ersten Hälfte dieses Jahrhunderts waren es Heidegger und Adorno, die der modernen Kunst eine eminent kognitive Funktion zugebilligt haben. Heidegger erkennt in der Kunst so etwas wie ein Organon für das philosophische Denken, und Adorno sieht in der Kunst das einzige Mittel, die philosophische Reflexion vor den Verkürzungen der instrumentellen Vernunft zu bewahren.

Neben der mythologisch begründeten Affinität von Philosophie und Kunst verläuft eine mehr skeptisch ausgerichtete Tradition, die von der antiken Rhetorik ausgeht. Bei den Sophisten bedeutet Rhetorik mehr als ein schmückendes Beiwerk. Sie ist Ausdruck des Zweifels am Wahrheitsanspruch philosophischer Erkenntnis und zugleich der Versuch, die Idee der absoluten Wahrheit durch einen kontextorientierten relationalen Wahrheitsbegriff zu ersetzen. In der Neuzeit steht die Rhetorik als Erkenntnisform überall dort bereit, wo der Rationalismus an seine Grenzen stößt. Eine Schlüsselfigur in dieser Entwicklung ist Giambattista Vico, der gegen das cartesische Wahrheitskriterium der klaren und deutlichen Erkenntnis das Wahrscheinliche (lat. *verisimile*) ins Feld führt. Der Humanismus, so wie ihn Vico versteht und wie er nach ihm bis in die deutsche Klassik hinein verstanden worden ist, stellt geistesgeschichtlich ein Stück Geschichte der Wiederannäherung von Philosophie und Rhetorik dar. Im 19. Jahrhundert erlebt die Rhetorik als legitimes philosophisches Erkenntnismittel ihre Blüte im Werk von Friedrich Nietzsche. Diese Tradition reicht bis zur gegenwärtigen Rehabilitierung der Metapher durch Hans Blumenberg.

Die Annäherung von Philosophie und Kunst geht nicht einseitig von der Philosophie aus, sondern spiegelt auch einen Wandel im Selbstverständnis der Kunst. Eine Vermittlerrolle in diesem Prozeß spielt die Ästhetik, die in impliziter und expliziter Form auftritt. In sehr vereinfachter Weise läßt sich in der Geschichte der ästhetischen Theorie eine Tendenz zur Ausbildung eines eigenen Wahrheitsbegriffs ausmachen, der den wissenschaftlichen Erkenntnisanspruch in Richtung auf ein Absolutes erweitert. Daher ist es kaum verwunderlich, daß die moderne Philosophie nach dem Zusammenbruch der Metaphysik verstärkt die Nähe zur Kunst sucht. Der Wahrheitsbegriff der modernen Ästhetik enthält das Versprechen, die Kriterien wissenschaftlicher Erkenntnis mit den Absolutheitsansprüchen philosophischer Einsicht zu verbinden.

Die Neigung der Kunst zur ‹höheren Wahrheit› tritt schon in der antiken Lehre von der «Nachahmung der Natur» zutage. Aristoteles legt in seiner «Poetik» Wert auf die Feststellung, daß es die Dichter, anders als die Geschichtsschreiber, nicht mit Tatsachenwahrheiten zu tun haben, sondern mit der Darstellung des Allgemeinen. Folglich gilt die Tragödie als höchste literarische Gattung, da sie in der Gestaltung rational unlösbarer Konflikte der Idee einer dichterischen Wahrheit am nächsten kommt.

Die Entwicklung des ästhetischen Wahrheitsbegriffs in der Neuzeit und in der Moderne läßt sich als schrittweise Überwindung der antiken Nachahmungslehre beschreiben. Obwohl unter «Nachahmung der Natur» von Anfang an etwas anderes und mehr als nur naturgetreue Abbildung der Wirklichkeit verstanden wurde, verlagert sich die Wahrheit der Dichter immer mehr in das Kunstwerk, das sich selbst Zweck ist. Das besagt semantisch, daß ein sprachliches Kunstwerk anders als ein wissenschaftlicher Text keine Aussagen über die Welt macht, sondern selbst eine Welt exemplarisch darstellt, mit der sich die Menschen mit ihren Erfahrungen und Gefühlen identifizieren können.

Die moderne Absolutsetzung des Werks hat die Kunst aber nicht gänzlich von der Herrschaft des Seins befreien können. Ganz im Gegenteil: Die antike Ausrichtung der Kunst auf das Absolute, die noch in Hegels bekannter Definition des Schönen als «sinnliches Scheinen der Idee» weiterlebt, erreicht in unserem Jahrhundert ihren vorläufig letzten Höhepunkt in der Kunstphilosophie Martin Heideggers. In seiner vielgelesenen Abhandlung «Der Ursprung des Kunstwerks» (1950) bestimmt Heidegger Kunst als «Sich-ins-Werk-Setzen der Wahrheit» und Wahrheit als «Unverborgenheit des Seienden». In diesem ontologischen Sinn ist auch die von Heidegger dem Kunstwerk zugeschriebene Funktion, «eine Welt zu eröffnen», zu verstehen:

> Im Werk ist die Wahrheit am Werk, also nicht nur ein Wahres. Das Bild, das die Bauernschuhe zeigt, das Gedicht, das den römischen Brunnen sagt, bekunden nicht nur, was dieses vereinzelte Seiende als dieses sei, falls sie je bekunden, sondern sie lassen Unverborgenheit als solche im Bezug auf das Seiende im Ganzen geschehen. Je einfacher und wesentlicher nur das Schuhzeug, je ungeschmückter und reiner nur der Brunnen in ihrem Wesen aufgehen, um so unmittelbarer und einnehmender wird mit ihnen alles Seiende seiender. Dergestalt ist das sichverbergende Sein gelichtet. (Der Ursprung des Kunstwerks, S. 54 f)

Heideggers Ausführungen, die sich auf ein Gemälde von van Gogh und ein Gedicht von Conrad Ferdinand Meyer beziehen, lassen sich so interpretieren, daß Kunstwerke mehr sind als bloße Mittel objektiver Erkenntnis. Denn anders als in kognitiven Texten sind in Kunstwerken die Gegenstände anschaulich präsent. Ihre Inhalte fungieren als Sinnbilder des menschlichen Selbstverständnisses, deren Klärung Aufgabe der philosophischen Reflexion ist. In dieser Hinsicht macht es letztlich keinen Unterschied, ob man sich mit einem philosophischen oder einem literarischen Werk einer Epoche beschäftigt. Beide können das menschliche Sinnverlangen gleichermaßen befriedigen. Aber auch in diesem Fall bleiben natürlich Unterschiede. Was im literarischen Kunstwerk nur gefühlte Bedeutung ist, wird im philosophischen Werk ins Bewußtsein gehoben und auf Begriffe gebracht.

Aus der geschilderten Entwicklung ergibt sich für die Bewertung des Verhältnisses von Philosophie und Kunst folgendes Resultat: Auch in der wissenschaftlichen Philosophie haben poetische Formen eine legitime Funktion. Denn oft machen Bilder und Metaphern mehr sichtbar als eindeutig definierte Begriffe. Die Wahl einer künstlerischen Ausdrucksweise darf allerdings nicht dazu verführen, philosophische Texte selbst als Kunstwerke zu betrachten. Das Ziel der Philosophie ist und bleibt die begriffliche Erkenntnis, da nur diese kritische Distanz erlaubt, die beim Kunstwerk kaum möglich ist.

Philosophie und Religion

Ungleich komplizierter ist die Lage im Verhältnis von Philosophie und Religion. Auch hier ist ein kurzer geschichtlicher Rückblick erforderlich. Im Mittelalter versteht sich Philosophie als christliche Philosophie und stützt neben der Theologie den religiösen Glauben. Mit den skeptischen und atheistischen Strömungen der Neuzeit ändert sich das Bild. Einen Meilenstein in dieser Entwicklung setzt, wie auf fast allen Gebieten, die Philosophie Kants. Kant negiert den Wahrheitsanspruch der Offenbarungsreligionen nicht, verweist diesen aber in die Grenzen der reinen Vernunft. Allerdings hat die Grenzziehung nicht lange vorgehalten. Mit der Metaphysik des Geistes im Deutschen Idealismus erhält der philosophische Wahrheitsbegriff eine starke religiöse Färbung. Das belegt Hegels Religionsphilosophie, die dem Schema der neuplatonischen Theogonie verpflichtet ist:

> So fällt Religion und Philosophie in eins zusammen; die Philosophie ist in der Tat selbst Gottesdienst, ist Religion, denn sie ist dieselbe Verzichtung auf subjektive Einfälle und Meinungen in der Beschäftigung mit Gott. Die Philosophie ist also identisch mit der Religion. (Vorlesungen über die Philosophie der Religion I, S. 28)

Erst mit den Linkshegelianern zerbricht die von Hegel behauptete Einheit von Religion und Philosophie. Den Anfang der radikalen Religionskritik im 19. Jahrhundert macht das Werk von David Friedrich Strauß, «Das Leben Jesu» (1835/36). Damit wird ein Thema angeschlagen, das die Philosophen bis Nietzsche beschäftigt: das Verhältnis von Jesus zu Sokrates. Ein sicheres Indiz für die Trennung von Philosophie und Religion liegt darin, daß Religionsphilosophie durch Religionswissenschaft abgelöst wird. In seinen Werken «Das Wesen des Christentums» (1841) und «Das Wesen der Religion» (1851) erklärt Ludwig Feuerbach (1804–1872) vom Standpunkt der Anthropologie den religiösen Glauben als Projektion menschlicher Selbstbilder. Darauf aufbauend prognostiziert Karl Marx das Absterben der Religion im Zustand der endgültigen Überwindung aller Klassengegensätze. Allerdings ist nicht zu übersehen, daß die Theorie der Befreiung des Menschen ohne theologische Elemente der christlichen Erlösungslehre undenkbar wäre. Insofern zeigt der radikale Atheismus der Linkshegelianer die Abhängigkeit vom eschatologischen Denken der Hegelschen Philosophie des Geistes, nämlich von der Frage, wie eine Versöhnung des Menschen mit sich selbst schon im Diesseits erreicht werden kann.

Vor diesem Hintergrund wird verständlich, wie im 20. Jahrhundert mit der Wiederauferstehung der Metaphysik die Philosophie sich erneut dem religiösen Gedanken öffnet. Daran ist auch die Theologie beteiligt, die schon im 19. Jahrhundert von der Religionskritik der Linkshegelianer nicht unberührt bleibt. Allerdings muß man hier zwischen katholischer und protestantischer Theologie unterscheiden. Die Bedeutung der katholischen Theologie für die Philosophie macht sich insbesondere in Frankreich bemerkbar, wo man zu Beginn dieses Jahrhunderts auch in der Philosophie von einer katholischen Erneuerung sprechen kann, die bis in den christlichen Existentialismus eines Gabriel Marcel (1889–1973) reicht. In Deutschland bleibt der Einfluß der katholischen Theologie auf Max Scheler (1874–1928) und eine Reihe akademischer Philosophen beschränkt. Anders steht es mit der protestantischen Theologie, die im 19. Jahrhundert mit Schleiermacher die Eschatologie verabschiedet und den religiösen Glauben in die Innerlichkeit verlegt.

In der zweiten Hälfte des 19. Jahrhunderts führt das nicht mehr zur Abkehr von der Welt, sondern heißt im Gegenteil Bewährung des Glaubens in der Praxis christlichen Lebens und Handelns. Davon wird die mächtige Bewegung des liberalen Kulturprotestantismus getragen, dessen zentrale Figur Albrecht Ritschl (1822–1889) mit seinem Hauptwerk «Rechtfertigung und Versöhnung» (1870/74) ist. Versöhnung heißt für den Kulturprotestantismus, daß Gott dem Gläubigen die geistige Herrschaft über die Welt zugesteht, ihn zugleich aber zur Arbeit in der Welt im Sinne des Glaubens verpflichtet:

In aller Religion wird mit Hilfe der erhabenen geistigen Macht, welche der Mensch verehrt, die Lösung des Widerspruchs erstrebt, in welchem der Mensch sich vorfindet als Teil der Naturwelt und als geistige Persönlichkeit, welche den Anspruch macht, die Natur zu beherrschen. (Rechtfertigung und Versöhnung III, S. 189)

Der Kulturprotestantismus bildet aber nur einen Pol der protestantischen Theologie, zu dem sich nach dem Ersten Weltkrieg der Gegenpol unter dem Namen «dialektische Theologie» mit Karl Barth (1886–1968) an der Spitze gesellt. Die dialektische Theologie beruft sich auf die Existenzphilosophie Sören Kierkegaards (1813–1855) und vertritt die These von der absoluten Transzendenz Gottes, an den keine philosophischen Begriffe heranreichen. Das bedeutet eine radikale Absage an die vom Kulturprotestantismus verkündete Einheit von Christ und Welt:

Das andere, das wir in unserem Denken, Reden und Tun in Gleichnissen meinen, das andere, nach dessen Erscheinung wir uns, der Gleichnisse müde, sehnen, ist nicht nur etwas anderes, sondern das ganz andere des Reiches, das das Reich Gottes ist. (Der Christ in der Gesellschaft, S. 333)

Heidegger, Nietzsche und Wittgenstein

Im Spannungsfeld von kulturprotestantischer und dialektischer Theologie stehen große Teile der Philosophie in der ersten Hälfte des 20. Jahrhunderts. Das heißt nicht, daß die Philosophie sichtbar zur Theologie wird, aber ihre Grundbegriffe werden durch theologische Denkformen geprägt. Heideggers Ausarbeitung der Frage nach dem Sein ist dafür ein sprechendes Beispiel. Nicht zufällig bezeichnet er seine Metaphysik in Anlehnung an die Fundamentaltheologie als «Fundamentalontologie». Hinzu kommt ein weiteres Charakteristikum. Die Interferenz von Philosophie und Theologie kleidet sich gern in dichterische Form, so daß man gelegentlich nur noch schwer erkennen kann, was der Religion und was der Kunst gehört. Heideggers Begriff der Wahrheit als Unverborgenheit des Seienden überführt religiöse Offenbarung in ästhetische Darstellung.

Nach dem gleichen Schema verfahren zwei andere Philosophen, die für das gegenwärtige Verständnis von Philosophie maßgeblich sind: Nietzsche und Wittgenstein. Die Doppelseitigkeit der Philosophie Nietzsches spiegelt sich in zwei bekannten Formeln. Die eine lautet: «Den Stil verbessern – das heißt den Gedanken verbessern, und gar Nichts weiter!» Dieser Satz entspricht Nietzsches Zweifel an der Wahrheitsfähigkeit des Menschen. Wo Wahrheit nicht erreichbar ist, nimmt der Stil eine Ersatzfunktion ein, die Philosophie in Literatur übergehen läßt. Die andere, noch bekanntere Formel lautet: «Gott ist tot.» Damit gibt sich Nietzsche in Gestalt seines Zarathustra als Gegner der christlichen Religion, die er im Anschluß an die Religionskritik der Linkshegelianer als «Opium fürs Volk» bezeichnet. Aber sein erklärter Atheismus hindert ihn nicht daran, theologische Denkformen ins Zentrum seines Philosophierens zu rücken. Eine solche ist die Rechtfertigungslehre, die Nietzsche im Sinne der Erfahrung der Kunst umdeutet. Die von ihm verkündete «ästhetische Rechtfertigung der Welt», die seiner Meinung nach in Richard Wagners Musik ihren Höhepunkt erreicht, bliebe ohne den religiösen Hintergrund als philosophische Denkfigur unverständlich.

Das zweite Beispiel für die Entfaltung der modernen Philosophie zwischen Religion und Kunst liefert Ludwig Wittgenstein, der als Logiker und Sprachkritiker auf den ersten Blick außerhalb der geschilderten geistigen Konstellationen zu stehen scheint. Aber mittlerweile sind an Wittgensteins Denken zwei Seiten hervorgetreten, die sich komplementär zueinander verhalten. Die eine betrifft den Umschlag des Sinns seiner Aussagen in Paradoxien. Diese Bewegung wird nur durch die Form des Ausdrucks erträglich, so daß man Wittgensteins Hauptwerk, seinen «Tractatus logico-philosophicus» (1921), mit einem gewissen Recht als ästhetischen Text lesen kann. Die Steigerung der Reflexion bis zum Unsinn betrachtet Wittgenstein allerdings nicht als Selbstzweck, sondern als Mittel, einen unaussprechlichen Gehalt, das Absolute, sichtbar zu machen. Hier kippt der ästhetische Sinnbegriff in einen quasi-religiösen um. Die jenseits der Grenze des Mitteilbaren aufscheinende Transzendenz bleibt freilich leer, so daß man Wittgensteins Philosophie als «Religion ohne Gott» bezeichnen kann. Genauer gesagt: Was bei Wittgenstein fehlt, ist der Glaube an einen personalen Gott. Das Absolute, an dessen Grenzen Wittgenstein mit seinen philosophischen Reflexionen zu gelangen versucht, ist nicht der Gott der christlichen Offenbarungsreligion, sondern ein unbestimmtes Ganzes, das den religiösen Strömungen von der Mystik bis zum Spiritualismus zugrunde liegt. Bezeichnenderweise steht Wittgensteins Religiosität unter dem Einfluß von Schopenhauers Buddhismus. Das macht sein Werk auch heute noch für all diejenigen attraktiv, die sich von der christlichen Offenbarung verabschiedet haben und ihr Heil in einem diffusen Gefühl überkonfessioneller Religiosität suchen.

Gewinn und Verlust

Das Geflecht der Wechselwirkung von Philosophie, Kunst und Religion, das hier nur in seinen Hauptsträngen freigelegt werden konnte, hat für die Gegenwartsphilosophie erhebliche Folgen. Dabei halten sich Gewinn und Verlust ungefähr die Waage. Ein Gewinn ist sicherlich die Erweiterung des Erfahrungshorizonts der streng wissenschaftlich ausgerichteten Philosophie. Kunst und Religion als symbolische Formen der Weltaneignung eröffnen der philosophischen Reflexion neue Wirklichkeitsbereiche und geben Anlaß zur Erweiterung des Bereichs rationaler Erkenntnis.

Dem steht die Gefahr gegenüber, daß die Philosophie durch zu große Annäherung an Kunst und Religion die Leitidee wissenschaftlicher Forschung aus den Augen verliert. Wo man über der Form das Argumentieren vernachlässigt, bleibt der philosophische Gedanke auf der Strecke. Und wo zwischen Wissenschaft und Glauben kein Unterschied gemacht wird, liegt die Gefahr einer Mystifizierung der philosophischen Sinnsuche nahe.

So groß die Gefahren einer Vermischung der Gebiete für die

Philosophie auch sein mögen, noch gravierender sind die Folgen auf seiten der Kunst und der Religion. In dem Maß, wie die Kunst eine kognitive Funktion beansprucht, droht das Kunstwerk zum bloßen Anlaß für ästhetische Reflexionen zu verkümmern. In der bildenden Kunst kann das zum Verlust der sinnlichen Eigenbedeutung des Kunstwerks führen. In der Literatur entsteht eine Reflexionsprosa, die nur noch für Experten genießbar ist.

Schlimmer sieht es auf der Seite der Religion aus. Während die Kunst in der Philosophie durchaus eine kognitive Funktion ausüben kann, entfällt bei den religiösen Begriffen diese Möglichkeit. Wenn sie zu sehr an das philosophische Denken heranrücken, verlieren sie ihren spezifisch religiösen Gehalt. Dieser liegt in der Personalität Gottes, für die in philosophischen Denkformen kein Platz ist. Philosophie tendiert nämlich zur Auflösung der Religion in Weltanschauung. Nicht zufällig entfalten sich im Umkreis der Philosophie offene Formen der Religiosität wie Mystik oder Buddhismus, die dem modernen Menschen Erlösung unabhängig vom Glauben an einen persönlichen Gott versprechen.

In dieser schwierigen Situation ist für die Studierenden der Philosophie guter Rat teuer. Sicherlich wäre es eine Illusion, von der Entflechtung der Gebiete auszugehen. Aber ein klares Bild der Zusammenhänge kann die Studierenden vor Irrwegen und unbemerkten Übergängen in eine geistige Schieflage bewahren. Ein literarisches Kunstwerk läßt sich nicht restlos auf begriffliches Denken zurückführen, wie umgekehrt der Gedanke nicht in der Erfindung einer poetischen Sprache aufgeht. Die an den Dichter-Philosophen zu bewundernde Fähigkeit, durch den Stil Begründungszusammenhänge zu imitieren, läßt den Leser allzu leicht die objektiven Inhalte vergessen und nur das Erlebnis intensiven Denkens im Gedächtnis behalten. Für Studierende der Philosophie ist das keine gute Schulung, da die Einübung in Stillagen mit der Ausübung begrifflicher Argumentation verwechselt wird. Daher tut jeder Anfänger gut daran, sich zunächst von den Schriften Nietzsches fernzuhalten, um ein prominentes Beispiel dieser Art des Philosophierens zu nennen.

Noch weniger geht eine philosophische Überzeugung in einen Glaubensartikel ein, wie umgekehrt eine religiöse Wahrheit nicht in intellektueller Reflexion aufgeht. Die Gefahr geht nicht so sehr von den Philosophen aus, die sich offen zu einer religiösen Konfession bekennen, als vielmehr von den sich nach außen neutral gebenden Denkern, die im Philosophieren eine quasi-religiöse Glaubenshaltung fördern. Sie ziehen ihre Anhänger auf die Bahn einer gefühlten Religiosität, auf der es für empfängliche Geister kein Halten gibt. Wenn überhaupt irgendwo, so sind hier Grenzen zu ziehen. Die Abgrenzung ist für die Religion sogar noch wichtiger als für die Philosophie. Denn wenn Religion nach der Aufklärung eine Chance haben soll, dann nur durch Bewahrung ihrer spezifisch religiösen Gehalte, die sich mit dem philosophischen Sinnbegriff nicht decken.

Einen einigermaßen verläßlichen Schutz gegen unzulässige Vermengungen der Bereiche liefern diejenigen philosophischen Disziplinen, die Kunst und Religion zu ihrem Gegenstand machen, nämlich die Ästhetik und die Religionsphilosophie. Daher der Rat an die Studierenden: Statt sich von der Philosophie als Kunst faszinieren zu lassen, sollte man sich der Ästhetik zuwenden. Deren Aufgabe besteht nicht zuletzt darin, die Grenzen zwischen Kunst und Erkenntnis zu bestimmen. Entsprechendes gilt für die Religion. Philosophie ist kein Religionsersatz, philosophische Texte sind keine Offenbarung. Wenn philosophische Übungen den Charakter von Gottesdiensten annehmen, sollten Studierende ihre Mitwirkung verweigern. Nur ein intensives Studium religionsphilosophischer Klassiker kann die nötige Distanz schaffen, damit der philosophische Gedanke nicht dem religiösen Gefühl zum Opfer fällt. Die Stärke der philosophischen Sichtweise zeigt sich in der Fähigkeit, die Überschneidungen und Widersprüche der Gebiete aufzuhellen und zu verarbeiten. So gelangt man zur Klarheit über die Verschiedenheit der Bedeutung, die der Sinnfrage in Philosophie, Kunst und Religion zukommt. Die Verschiedenheit gebietet, den künstlerischen Ausdruck von der begrifflichen Klärung und den religiösen Glauben vom philosophischen Wissen, wenn möglich, zu trennen.

10. Philosophieren um die Jahrtausendwende: ein Kurswechsel

Die Ortsbestimmung der Philosophie zwischen Kunst und Religion führt abschließend zur Frage, wie es um die Zukunft der Philosophie steht. Damit begeben wir uns auf ein unsicheres Terrain, da der Geist oft unvorhergesehene Wege einschlägt. Aber die geistige Situation der Gegenwart läßt doch ahnen, welchen Problemen sich die Philosophie zuwenden muß, um in der sich dramatisch verändernden Welt bestehen zu können. Wie weit die Philosophie von diesem Ziel noch entfernt ist, zeigt sich daran, daß der akademische Betrieb und die Erwartungen der Öffentlichkeit – Philosophie nach dem «Schulbegriff» und nach dem «Weltbegriff», wie Kant es ausdrückt – mehr denn je auseinanderklaffen. Daher will dieses Buch die Leser dazu motivieren, an der Modernisierung des Fachs teilzunehmen. Natürlich kann man von Anfängern nicht erwarten, daß sie die Philosophie reformieren. Aber sie können in den akademischen Betrieb das einbringen, was die Philosophie braucht, um ihre Zeit in Gedanken zu fassen: den unbefangenen Blick und das kritische Fragen.

Daß die Philosophie durch die Globalisierung des Wissens und die Medialisierung der Lebenswelten derzeit vor besonderen Herausforderungen steht, ist auch in akademischen Kreisen unumstritten. Uneinigkeit herrscht lediglich über die Formulierung einer neuen Leitidee, die man braucht, um mit dem immer schneller werdenden Wandel der Lebensbedingungen Schritt zu halten. Viele flüchten in einen Pluralismus, von dem sie glauben, daß er die Probleme auf sanfte Art löst. Sicherlich wäre es illusorisch, auf eine Wiederherstellung der «Einheit des Geisteslebens» zu hoffen, wie sie noch den spätidealistischen Denkern um die vorige Jahrhundertwende vorschwebte. Die heute beliebte Aufforderung der Philosophen, mit Differenzen zu leben, hat durchaus ihre Berechtigung. Der Umgang mit verschiedenen Positionen, von denen keine absolute Geltung beanspruchen kann, erzieht zu fruchtbaren Kompromissen, welche Denkern nicht leichtfallen, die Philosophie mit einem absoluten Wahrheitsanspruch verbinden.

Aber mit der Auflockerung des Geistes ist es nicht getan. Der sich gern als Höhepunkt der Toleranz verstehende Pluralismus kann leicht ins Gegenteil umschlagen, nämlich immer dann, wenn die philosophischen Positionen längere Zeit mit anderen nicht in Kontakt treten. Damit es nicht zur Isolierung der Positionen kommt, bedarf es einer gemeinsamen geistigen Ebene, auf der die Differenzen als Ausdruck einer neuen Sinnorientierung erkennbar sind. Denn das Geistesleben duldet kein bloßes Nebeneinander isolierter Meinungen, sondern verlangt ein Miteinander konkurrierender Positionen. Dieses Bild macht aber auch deutlich, daß die gesuchte Einheit des philosophischen Denkens nicht mehr in einem metaphysischen Prinzip liegen kann, das dem Wandel der Lebenspraxis entzogen ist. An seine Stelle tritt die Wechselwirkung von Lebensformen, aus der ständig neue Leitbilder gelungenen Lebens hervorgehen.

Auf der Ebene der Lebensformen vollzieht sich gegenwärtig ein Kurswechsel in der Philosophie, der mehr als nur die Entstehung neuer Theorien anzeigt. Der Kurswechsel steht für eine Verschiebung der Denkrichtung, die aus mehreren konkurrierenden Faktoren resultiert und oft genug diejenigen überrascht, die als geistige Väter dazu beigetragen haben. Die Überraschung liegt in der Regel darin, daß sich mit der Richtung des Denkens auch die Bewertung der Gegenstände und damit das Selbstverständnis der Denkenden ändert. Ein Beispiel aus der Wissenschaftsgeschichte mag das verdeutlichen: Kopernikus hat die Erde in den Rang eines Sterns erhoben, aber «Sterne» bedeuten nach Kopernikus nicht mehr das, was sie vorher waren, nämlich Zeichen der göttlichen Ordnung des Kosmos. Ähnliche Beispiele gibt es in der Philosophie. Wenn der antike Sophist Protagoras den Menschen als Maß aller Dinge bezeichnet, so versteht er unter «Mensch» etwas anderes als beispielsweise die Philosophen der Aufklärung. Kants Aufforderung, den Menschen niemals nur als Mittel, sondern immer zugleich als

Zweck zu behandeln, steht für ein neues Menschenbild, das die Sklaverei, die für die Antike selbstverständlich war, kategorisch ausschließt. Trotz scheinbarer Kontinuität der Begriffe, die immer wieder dazu verleitet, von ‹ewigen Fragen› der Philosophie zu sprechen, sind die Denkrichtungen geradezu unvereinbar. Diese Einsicht schärft den Blick dafür, daß philosophische Gedanken nicht den Stempel der Ewigkeit tragen. Auch die Philosophie muß sich darauf einstellen, daß mit dem Wandel der Lebensformen nach der Jahrtausendwende im Denken vieles anders sein wird als vorher.

Erst wenn die akademische Philosophie sich dieser Tatsache bewußt wird, kann sie hoffen, daß ihre Stimme in der Diskussion um die Neugestaltung der Welt wieder Gehör findet. Die von konservativen Denkern praktizierte Beschränkung auf geistige Schadensbegrenzung ist nicht dazu angetan, die Philosophie in das System moderner Wissensverarbeitung zu integrieren. Philosophie schrumpft zur Kompensation der Verluste und Schäden, die durch den Modernisierungsprozeß entstehen. Eine solche Einstellung läßt sich kaum anders denn als Flucht in die historische Krankheit bezeichnen. So verwundert es nicht, daß die politische Klasse derzeit wenig Interesse an der Stimme der Philosophie zeigt. Gemessen an der öffentlichen Beachtung und Wirkung, die der Universitätsphilosophie in den sechziger Jahren noch beschieden war, ist deren Lage heute nicht gerade rosig. Das schlägt sich natürlich auch auf die Stimmung an den philosophischen Institutionen nieder. Die Zuversicht und der Enthusiasmus, der die Studierenden seinerzeit beflügelte, ist einer eher skeptischen Zurückhaltung gewichen, die auch auf den Lehrenden lastet. An welcher Universität springt noch der Funke der philosophischen Begeisterung über, der den Studierenden das Gefühl vermittelt, an den geistigen Bewegungen ihrer Zeit teilzunehmen? Nicht von ungefähr strömt das interessierte Publikum in «Philosophische Cafés», wo das Atmosphärische das Denken ersetzt.

In dieser schwierigen Lage erhebt sich die Frage, wie die akademische Philosophie zu einer neuen Kursbestimmung gelangen kann. Sicherlich führt es zu nichts, sich kurzlebigen Trends anzuhängen. Aber eine Sache ist es, Moden nachzulaufen, eine andere, sich den Herausforderungen der Lebenswirklichkeit zu stellen. Die Voraussetzungen dafür liegen in scheinbar rein äußerlichen Begleitumständen des wissenschaftlichen Betriebs, die Anlaß zu einer neuen Kursbestimmung geben können. Auch und gerade in Zeiten der auf Effizienzsteigerung gerichteten Umstrukturierung des Wissens tut sich für die philosophische Reflexion ein weites, bisher kaum angenommenes Betätigungsfeld auf. Die neuen Formen des Wissenserwerbs und der Wissensverarbeitung bedürfen über den technischen Umgang hinaus einer philosophischen Klärung, die an das Problem der systematischen Einheit des Denkens heranführt. Probleme der Wissensorganisation, die zunächst rein praktische Fragen wie den Einsatz von und den Umgang mit Computern betreffen, werfen die prinzipielle Frage nach dem Verhältnis von Mensch und Welt auf, das sich im Zeichen des Informationszeitalters anders darstellt als zu früheren Zeiten. Hier zeichnet sich eine neue Leitidee ab, die einen Kurswechsel der Philosophie einleiten könnte. Sie wird allerdings erst erkennbar, wenn man einen Blick auf die Geschichte des europäischen Geistes wirft. Eine gute Orientierung bietet die gängige Epocheneinteilung, die das Selbstverständnis der Philosophie nachhaltig geprägt hat.

Epochen der Geistesgeschichte

Die traditionelle Einteilung unterscheidet bekanntlich drei Epochen: Antike, Mittelalter und Neuzeit. Diese Einteilung ist selbst ein Produkt der Neuzeit, die sich als Überwindung der geistigen Bevormundung durch theologische Dogmen versteht. Daher die Bezeichnung «Mittelalter», die signalisiert, daß es sich um eine als dunkel empfundene Übergangszeit zwischen Antike und Neuzeit handelt. Sie soll dadurch beendet werden, daß die menschliche Vernunft sich selbst vertraut und somit autonom wird. Die neuzeitliche Autonomieerklärung der Vernunft wird zunächst als Wiederherstellung der Antike begriffen («Renaissance»), doch macht sich bald eine deutliche Verschiebung im Verhältnis von Mensch und Welt bemerkbar. Das antike Denken ist geprägt durch die Ausrichtung des Geistes auf die Welt, die als Ausdruck der ewigen Ordnung des Seins dem Bewußtsein vorhergeht. In der Neuzeit kehrt sich das Verhältnis allmählich um. Die Welt wird auf den Geist ausgerichtet, genauer auf das Bewußtsein, welches damit zum Bestimmungsgrund des Seins wird. Die Umkehrung erfolgte nicht sprunghaft. Sie wurde durch die christliche Philosophie des Mittelalters insofern vorbereitet, als sie Gott als Vermittler zwischen Geist und Welt einsetzte. Ein Beispiel dafür ist Descartes, der seinen methodischen Zweifel durch die Konstruktion eines «betrügerischen Gottes» verstärkt und die Seinsgewißheit durch die Idee eines «Garantiegottes» abstützt. Dieser Gott der Philosophen steht für die Sicherheit, daß die Ordnung des Geistes der Ordnung der Welt entspricht.

In der Aufklärung erreicht die neuzeitliche Autonomieerklärung der Vernunft ihren Höhepunkt. Kants «kopernikanische Wende», die besagt, daß unsere Erkenntnis sich nicht nach der Welt richtet, sondern die Welt sich nach unserer Erkenntnis richten müsse, gipfelt in der ungeheuerlichen Formulierung, daß der Verstand der Natur die Gesetze «vorschreibt». Diesen Gedanken hat der Deutsche Idealismus in seinen Weltsystemen zu Ende geführt. Damit wird die Umkehrung des antiken Verhältnisses von Geist und Welt perfekt. Der Geist fühlt sich nun als Ursprung der Welt, der in seinen Erkenntnisleistungen die göttliche Schöpfung nachvollzieht.

Während Kant die schöpferische Tätigkeit des Geistes noch auf die begriffliche Bestimmung beschränkt, geht Johann Gottlieb Fichte (1762–1814) so weit, die Welt als Setzung des Nicht-Ich vom Ich hervorbringen zu lassen. Diese idealistische Absolutsetzung des menschlichen Geistes führt zum Zusammenstoß der Philosophie mit den sich etablierenden positiven Wissenschaften, der im Zusammenbruch des Deutschen Idealismus endet. Damit beginnt in der europäischen Geistesgeschichte der zweiten Hälfte des 19. Jahrhunderts eine neue Epoche. Die Neuzeit versteht sich zunehmend als « Moderne ». Äußere Anlässe für das moderne Selbstverständnis sind die Industrialisierung Europas und der Aufstieg der Ökonomie zum dominierenden Ordnungsfaktor des gesellschaftlichen Lebens.

Damit sind wir aber noch nicht zum philosophischen Kern des modernen Epochenbewußtseins vorgedrungen. Dieser wird erst am Verhältnis von Welt und Geist sichtbar, das in der Moderne eine neue Qualität annimmt: Geist und Welt, Subjekt und Objekt werden nunmehr als Wechselbeziehung gedacht und begriffen. In der Sprache der Logik heißt das: Die Relationen gehen den Relata voran. Die Relation wird damit zum Leitbegriff der Moderne, dessen zentrale Bedeutung auf allen Ebenen der erkenntnistheoretischen und wissenschaftstheoretischen Reflexion erkennbar ist. Das äußert sich insbesondere im Funktionalismus, der die Substanz als Leitbegriff ablöst. Eng damit verbunden ist der Aufstieg der Begriffe Struktur und Regel. Diese Begriffe signalisieren ein neues Selbstverständnis des Wissens: Der Mensch fühlt sich weder als Teilhaber an einer kosmischen Ordnung noch als autonomer Schöpfer der Welt, sondern als Mitspieler in einem kulturellen Entwicklungsprozeß, in dem er immer Täter und Opfer zugleich ist. In diesem Sinn ist die Signatur der Moderne eine Ernüchterung gegenüber dem Fortschrittsoptimismus der Neuzeit.

Hält man sich an das Geist-Welt-Schema, so rückt die Diskussion um die Epocheneinteilung, die seit Jahrzehnten in der akademischen Philosophie geführt wird, in ein neues Licht. Bis zur Mitte dieses Jahrhunderts wurde der Anspruch des neuzeitlichen Geistes, sich nach eigenen Wertmaßstäben zu definieren, von theologischer Seite in Frage gestellt. Vor diesem Hintergrund sah sich Hans Blumenberg noch in den sechziger Jahren veranlaßt, die «Legitimität der Neuzeit» (1966) gegenüber dem theologischen Weltverständnis zu verteidigen. «Neuzeit» heißt für Blumenberg Selbstbehauptung des autonomen Subjekts gegenüber dem theologischen Säkularisierungsvorwurf, die in Kant ihren Höhepunkt erreichte.

Umgekehrt hat Jürgen Habermas in den achtziger Jahren in seinem Buch «Der philosophische Diskurs der Moderne» (1985) die

Moderne als noch unvollendetes «Projekt» gegen die Postmoderne, welche die Autonomie des Subjekts in Frage stellt, verteidigt. Gegenüber Blumenberg erweitert Habermas damit den Horizont der neuzeitlichen Philosophie; er geht aber nicht so weit, Neuzeit und Moderne als zwei Epochen einander gegenüberzustellen. Im Gegenteil: Moderne ist für ihn die Vollendung der Selbstreflexion des neuzeitlichen Geistes, die von Hegel ausgeht. In der Einheit von Neuzeit und Moderne sieht Habermas eine Chance, den postmodernen Auflösungstendenzen Paroli zu bieten. Insofern kann man sagen, daß das sowohl von Blumenberg als auch von Habermas vermittelte Epochenverständnis von dem abhängig bleibt, wogegen sie kämpfen. Blumenbergs Verständnis der Neuzeit ist geprägt durch die Furcht vor dem angeblich immer noch bedrohlichen Geist des Mittelalters; der Begriff der Moderne bei Habermas gewinnt sein Profil aus der Furcht vor postmoderner Beliebigkeit. Daher sind beide Positionen apologetisch und eignen sich kaum für ein philosophisches Epochenverständnis, das für neue und unvorhersehbare Entwicklungen offen ist.

Das hier zugrunde gelegte Geist-Welt-Schema legt es nahe, Neuzeit und Moderne voneinander zu trennen und die Postmoderne als konsequente Weiterentwicklung der Moderne aufzufassen. Sicherlich läßt sich zwischen Neuzeit und Moderne keine scharfe Grenze ziehen; aber die Logik der Entwicklung im Verhältnis von Geist und Welt spricht dafür, den Zusammenbruch des Deutschen Idealismus als Epochenschwelle zur Moderne anzusehen. Als Verfechter der Autonomie des Subjekts bildet Hegel den Höhepunkt und Abschluß der neuzeitlichen Welt-auf-Geist-Ausrichtung, während Nietzsches Auflösung des Subjekts für die moderne Wechselbeziehung von Geist und Welt steht. Nicht von ungefähr gilt Nietzsche als Vater der Postmoderne, die sich im Schoß der Moderne ankündigt. Daß Mitte des 19. Jahrhunderts eine neue philosophische Epoche beginnt, wird durch den begriffsgeschichtlichen Befund bestätigt. Denn erst zu dieser Zeit taucht «die Moderne» als selbständige Epochenbezeichnung auf. Während im kulturellen Diskurs heute kaum noch von «Neuzeit» die Rede ist, bereitet es uns keine

Schwierigkeiten, «Moderne» und «Postmoderne» bzw. «modern» und «postmodern» komplementär zu gebrauchen. Alles deutet demnach darauf hin, Moderne und Postmoderne nicht gegeneinander auszuspielen, sondern sie als zwei Aspekte des in der Tat noch unvollendeten «Projekts der Moderne» zu betrachten.

Aus unseren bisherigen Überlegungen ergibt sich folgendes Epochenschema: Antike, Neuzeit und Moderne. Damit verschwinden die bisherigen Epocheneinteilungen aber nicht, sie werden lediglich in dem neuen Schema aufgehoben. Das Mittelalter wird zur Vorbereitung der Neuzeit, die ihr Ende im Deutschen Idealismus findet; die Postmoderne wird zum Komplement der Moderne, die im 19. Jahrhundert beginnt und von Anfang an den Keim ihrer eigenen Überwindung in sich trägt. Insofern liegen die drei Epochen nicht auf einer identischen geistigen Ebene, sondern unterscheiden sich durch einen Zuwachs an historischer Selbstreflexion. Das Selbstverständnis der antiken Philosophie war noch weitgehend ungebrochen, ihr Ende ereignete sich als Zerfall. Das Selbstverständnis der Neuzeit hingegen ist durch eine Fortschrittsdynamik geprägt, die in dem Maß nachläßt, wie die Autonomie des neuzeitlichen Geistes an ihre Grenzen stößt. Die Moderne schließlich nimmt die Dialektik, durch die das neuzeitliche Denken sein Ende gefunden hat, von vornherein in ihr Selbstverständnis auf, so daß die Postmoderne keinen Gegensatz zur Moderne bildet, sondern ihr ständiges Ferment darstellt. Daher wird Philosophieren nach der Jahrtausendwende wahrscheinlich nicht der Entscheidungskampf zwischen Moderne und Postmoderne sein. Die Logik der Epochenentwicklung nach dem Geist-Welt-Schema spricht vielmehr dafür, daß das Projekt der Moderne seine integrale Gestalt annehmen wird, die bisher durch unterschiedliche Gegenströmungen verdeckt wurde.

Verschiebung der Leitideen

Der Epochenwandel der europäischen Geistesgeschichte liefert den Rahmen für eine Bestimmung der Kursänderung, die nur langsam ins Bewußtsein der philosophischen Denker dringt. Die Kursänderung betrifft sowohl die Ziele als auch die Verfahren philosophischer Reflexion. Die Ziele entwickeln sich nach dem Schema: Wahrheit, Wirklichkeit und Information; für die Verfahren lautet das Schema: Begründung, Rechtfertigung und Klärung. Beide Reihen lassen sich von der Antike über die Neuzeit bis in die Moderne verfolgen.

Zunächst zur Verschiebung der Ziele. In der antiken Philosophie mit ihrer Ausrichtung des Geistes auf die Welt ist die Wahrheit als Übereinstimmung der Erkenntnis mit den erkannten Dingen das höchste Ziel philosophischer Erkenntnis. Allerdings geht es nicht um die Feststellung von Tatsachen, sondern um Teilhabe an einem Sein, das unbedingt und absolut gilt: an Ideen. Dementsprechend fungiert die Mathematik als Leitwissenschaft. Für Platon deckt die Mathematik die Natur des wahren Wissens auf, im Unterschied zum bloßen Meinen. Wichtig an der Mathematik ist weniger die Methode des Rechnens als vielmehr die Idealität ihrer Gegenstände. Daher entspricht die Geometrie am meisten dem Ideal reiner Theorie.

In der Neuzeit löst sich durch die Ausrichtung der Welt auf den Geist das Wirklichkeitsproblem vom Wahrheitsbegriff ab. Als wahr wird nur die Erkenntnis anerkannt, die das menschliche Denken selbst hervorgebracht hat, die zugleich aber der Überprüfung durch experimentelle Erfahrung standhält. Schon bei Descartes kann man sehen, wie sehr die Sicherung der ‹wirklichen Wahrheit› oder der ‹wahren Wirklichkeit› zum zentralen Problem der neuzeitlichen Philosophie wird. Entsprechend fungieren die mathematischen Naturwissenschaften anstelle der reinen Mathematik als Leitwissenschaften der Philosophie, wobei der analytische Methodenbegriff in den Vordergrund rückt.

In der Moderne verschiebt sich noch einmal die Zielrichtung

philosophischer Reflexion. Durch die Wechselwirkung von Geist und Welt nimmt Information als neuer Grundbegriff die Stelle von Wahrheit und Wirklichkeit ein. Das mag überraschen, solange man sich an das Alltagsverständnis von Information hält. Aber Information ist längst zu einem Grundbegriff moderner Weltbeschreibung geworden, der sich neben Stoff und Energie etabliert hat. Im philosophischen Begriff der Information relativiert sich der Unterschied von Geist und Welt. Beide lassen sich als Information interpretieren. Dementsprechend werden die modernen Strukturwissenschaften zu philosophischen Leitwissenschaften: Biologie und Soziologie im 19. Jahrhundert, Linguistik und Informatik im 20. Jahrhundert.

Die Zuordnung der Begriffe Wahrheit, Wirklichkeit und Information zu drei Epochen der europäischen Philosophiegeschichte ist natürlich nicht exklusiv. Bis heute bilden Wahrheitstheorien den Gegenstand philosophischer Diskussionen. Aber spätestens seit Nietzsches Kritik wird deutlich, daß sich der Begriff der Wahrheit immer mehr in Richtung auf Wirklichkeit verschoben hat. Ähnlich verhält es sich mit dem Wirklichkeitsbegriff, der in der Neuzeit die philosophische Diskussion beherrscht. Kein Geringerer als Kant hat die Unmöglichkeit, den Idealismus zu widerlegen und die Wirklichkeit der Erkenntnis zu garantieren, einen «Skandal der Philosophie» genannt. Dieser Skandal ist niemals behoben worden, sondern im Übergang zur Moderne hat sich die Philosophie zunehmend mit dem Gedanken angefreundet, daß menschliche Erkenntnis über den Status nützlicher Fiktionen nicht hinauskommt. Von daher ist es nur folgerichtig, daß sich die gegenwärtige Philosophie anschickt, den Unterschied zwischen Wirklichkeit und Fiktion durch den Informationsbegriff zu unterlaufen. Zunächst wurde die Ausweitung des Informationsbegriffs als Wirklichkeitsverlust beklagt, allmählich aber reift die Einsicht, daß wir heute nur noch das für wirklich halten, was sich in Form von Information darstellen läßt.

Den drei Leitbegriffen entspricht eine Verschiebung in den Denkmethoden. Sie führt zu drei epochenspezifischen Formen des philosophischen Diskurses. In der Antike erfolgt die Suche nach der Wahrheit in Form von Begründungswissen. Die Begründung liegt in der Rückführung der Erscheinungen auf ein Allgemeines, das sich dem Denken unmittelbar erschließt. Das Allgemeine ist die «Idee» oder die «Form», die allen Erscheinungen zugrunde liegt. In diesem Sinn nennt Aristoteles die Metaphysik «Erste Philosophie».

In der Neuzeit wird das antike Begründungswissen schrittweise durch einen Rechtfertigungsdiskurs ersetzt, der von Kant zur Norm philosophischer Erkenntnis erhoben wird. Die Rechtfertigung bezieht sich auf den Anspruch der menschlichen Vernunft, die Erkenntnis der Wirklichkeit den Gesetzen des Denkens zu unterwerfen. Die Frage nach dem Recht, nach dem «quid juris» der Unterwerfung, wie Kant es ausdrückt, wird von ihm mit der Formel von der «Bedingung der Möglichkeit» gesetzmäßiger Erkenntnis beantwortet.

Der Rechtfertigungsdiskurs macht in der Moderne einem Klärungsdiskurs Platz. Wo sich alles Wissen in Zeichen und schließlich in Informationen auflöst, fällt den Kognitionswissenschaften die Aufgabe zu, die Formen der Vernetzung von Informationen im Bewußtsein zu rekonstruieren. Das heißt für die Erkenntnistheorie Abschied von der klassischen Synthesislehre, die den vernetzten Formen der Vorstellungsverknüpfung nicht mehr gerecht wird. Ziel sind neue Modelle, die verständlich machen, wie der Fluß der Gedanken sinnbewahrend aufrechterhalten wird und Sinnstörungen beseitigt werden.

Mit diesem Konzept schließt sich der Kreis zum ersten Kapitel, in dem gezeigt worden ist, daß Philosophie nach dem Ende der Metaphysik zur hermeneutischen Wissenschaft wird. Die spezifisch moderne Auffassung von «hermeneutisch» tritt nun zutage. Denn der Klärungsdiskurs ist nicht in der Weise hermeneutisch, daß er nach einer Bedeutung hinter den Zeichen sucht, sondern daß er Zeichen als Informationen versteht und an andere Zeichen anschlußfähig macht. An die Stelle von Begründungen und Rechtfertigungen tritt das Weitergehen des Zeichenprozesses, das zur Normalität des Denkens gehört. In diesem Sinn hat schon Edmund Husserl das «Undsoweiter» als die von den Logikern bisher zu wenig beachtete Denkfigur bezeichnet. Mit Recht, wie sich heute zeigt, denn das Weitergehen der Zeichenproduktion entspricht der pragmatischen Rationalität der Informationsverarbeitung. Der philosophische Klärungsdiskurs dringt demnach nicht mehr in die Tiefen des Seins vor, sondern will nur herausfinden, wieviel Information nötig ist, um eine neue Information zu verstehen.

Die Moderne ist ganz auf Information eingestellt, und nur eine Philosophie, die das begreift, kann ihre Zeit in Gedanken fassen. Und wo bleibt der Mensch? Auf diese bange Frage muß die Philosophie eine überzeugende Antwort finden. Sicherlich ist das Sinnbild der Moderne nicht mehr Prometheus, der den Göttern das Feuer raubt, nicht mehr der zweite Gott, der Welten baut. Die Zeit der Halbgötter und Helden scheint endgültig vorbei zu sein. Aber das heißt nicht, daß der Mensch die Bühne verlassen hat. Er ist nur dabei, sich von den Projektionen ins Übermenschliche zu verabschieden und auf ein Leben in der Normalität einzustellen. Unsere Normalität verweist immer weniger auf einen «absoluten Geist» als zentralen Lenker, sondern besteht aus sich selbst organisierenden Prozessen und emergenten Zuständen, die sich aus unzähligen Transaktionen zusammensetzen. Die Leitfigur dieser neuen Wirklichkeiten ist der «Analyst», der sich auf dem «Parkett» bewegt, das die Welt bedeutet. Das sind die Oberflächen und Schnittstellen der Informationsströme, die den Kurs der Welt bestimmen. Nur wer analytische Fähigkeiten ausbildet und diese mit Phantasie zu verbinden weiß, wird die Zeichen der Zeit richtig deuten.

Vorrang der praktischen Vernunft

Die geschilderten Entwicklungen sind unübersehbar und lassen erkennen, daß sich die Philosophie auf einem neuen Kurs befindet. Was sich gegenwärtig abspielt, ist keine bloße Akzentverschiebung theoretischer Begriffe. Es hat sich vielmehr der Gesichtspunkt verschoben, von dem aus philosophische Theorien die Welt beurteilen. Statt des Strebens nach ewigen Wahrheiten entscheidet nun das Verlangen nach Sinn und Bedeutung über die Brauchbarkeit eines Gedankens. Der philosophische Gedanke bezeugt damit den Vorrang der praktischen Vernunft, der in den symbolischen Formen der pragmatischen Rationalität zum Ausdruck kommt. Anders gesagt: Auch der Umgang mit abstrakten Zeichen kann auf Bilder nicht verzichten, in denen sich der moderne Mensch wiedererkennt. Aber der Mensch als Analyst sucht die Bilder nicht außerhalb der Zirkulation der Zeichen, sondern in den Zentren der Zirkulation, in denen sich sein Daseinsgefühl zu einem Maximum an Intensität und Realität verdichtet.

Die Informationswelt verpflichtet das philosophische Denken auf Strukturen, die der Wechselwirkung von Geist und Welt entsprechen. Damit wird Philosophie, die im 19. Jahrhundert noch als Geisteswissenschaft in Opposition zu den Naturwissenschaften stand, zunehmend selbst zu einer Strukturwissenschaft. Sie will klären, wie virtuelle Welten gemacht sein müssen, damit der Mensch sich in ihnen orientieren kann. Die spezifisch philosophische Frage richtet sich also darauf, wie groß der Anteil der Strukturen an der Machart der Welten ist und in welchem Maß sie dem Verlangen nach Sinn entsprechen. Dabei sei noch einmal darauf hingewiesen, daß Sinnverlangen mehr als eine bloß pragmatische Orientierung umfaßt. Es ist Ausdruck der ethischen Frage «Wer bin ich?», von der das menschliche Selbstwertgefühl abhängt.

Die ethische Ausrichtung philosophischer Rationalität schlägt sich in gegenwärtigen Bemühungen nieder, Philosophie als «Kulturwissenschaft» zu betreiben. Das setzt freilich eine Modifikation des traditionellen Kulturbegriffs voraus, der an das spätidealistische Selbstverständnis der bürgerlichen Gesellschaft gebunden war. Kultur gehörte demnach zum ‹Überbau› des gesellschaftlichen Lebens. Diesem Verständnis entspricht noch weitgehend unser herkömmlicher Gebrauch des Wortes. Wer Kultur sagt, meint die Einheit geistiger und musischer Aktivitäten, die sich vom Funktionalismus des Alltagslebens abheben. Allmählich aber vollzieht sich ein Wandel im Gebrauch des Wortes «Kultur». Immer häufiger spricht man von Kultur auch in wirtschaftlichen und technischen Bereichen. Sicherlich gibt es Erscheinungen eines modischen Kulturalismus, der beispielsweise in der Heidegger-Rezeption der deutschen Unternehmensphilosophie (Stichwort: «Seins-Vergessenheit der Führungskräfte») skurrile Formen annimmt. Es ist aber unübersehbar, daß sich im neuen Kulturverständnis die Einsicht in die Wechselwirkung aller Bereiche des Lebens artikuliert. Kultur steht heute für die Gesamtheit der gesellschaftlichen Organisation, die Aktivitäten auf verschiedensten Niveaus integriert.

Der gegenwärtig zu beobachtende Wandel des Begriffs verdankt sich nicht nur äußerlichen Gegebenheiten, sondern ist ein geistesgeschichtlich höchst bedeutsamer Vorgang, der die deutsche Philosophie aus ihrer Frontstellung gegenüber dem westeuropäischen Positivismus und dem amerikanischen Pragmatismus herausführt. In Amerika ist seit langem ein mehr funktionaler Kulturbegriff gebräuchlich, der allerdings unter naturalistischen Beschränkungen leidet. Es gehört zu den Verdiensten der Neukantianer, den Funktionalismus auf eine höhere Stufe gehoben zu haben. Hier ist insbesondere Ernst Cassirer zu nennen, der Kultur als Inbegriff «symbolischer Funktionen» definiert, die alle geistigen Tätigkeiten von der Kunst bis zur Technik umfassen. Mit dem Begriff der «symbolischen Funktion» wird eine Brücke zwischen den ‹höheren› und den ‹niederen› Bereichen des Geistes geschlagen. So werden das Schöne und das Nützliche, das Emotionale und das Kognitive nicht länger als unüberbrückbare Gegensätze behandelt. Dementsprechend gebrauchen wir «Kultur» heute weniger zur Bezeichnung von geschlossenen Bereichen als vielmehr von offenen Strukturen. Deren Wirklichkeit liegt nicht darin, daß sie gut begründet sind, sondern daß sie von den Menschen angenommen und mit Leben erfüllt werden.

Der strukturelle Kulturbegriff ist angesprochen, wenn Philosophie als Kulturwissenschaft definiert wird. Ob die Philosophie in Zukunft «Strukturwissenschaft» oder «Kulturwissenschaft» heißt, macht in der Sache keinen großen Unterschied, wenn man wie die amerikanische Kulturanthropologie unter sozialer Struktur die Interferenz von «Ethos» (emotionalem Leben) und «Eidos» (Sinnbildern) versteht (Gregory Bateson). Die mathematische Fundierung des Strukturbegriffs schließt also seine Anwendung auf die Humanwissenschaften nicht aus. Die strukturelle Methode der Philosophie besteht darin, eine gemeinsame Sprache für die Sinnbildung in allen Bereichen des menschlichen Lebens zu entwickeln. Man kann auch sagen, Philosophie als moderne Kulturwissenschaft ist ständig auf der Suche nach alternativen Beschreibungen und Bewertungen der Strukturen, in denen wir denken, fühlen und leben.

Aus der bisherigen Bestandsaufnahme kristallisieren sich Positionen heraus, von denen ich glaube, daß sie die Entwicklung der Philosophie im neuen Jahrtausend bestimmen werden. Hier mögen Erfahrungen und Wunschträume zu Visionen verschmelzen. Doch auf Zukunftsvisionen, und seien sie noch so phantastisch, kann auch die Philosophie als Wissenschaft nicht verzichten. Drei Dinge schweben mir vor:

Erstens: neuer Realismus. Er wendet sich gegen die derzeit noch dominierenden Denker, welche die Wirklichkeit in Interpretationen auflösen, als ob sich die Dinge im Raume nicht hart stoßen würden. Aber das bedeutet keine Rückkehr zum naiven Realismus, der sich den Tatsachen bedingungslos unterwirft. Neuer Realismus will vielmehr die von den Menschen selbst hervorgebrachten virtuellen Welten im Hinblick auf ihre Folgen für die Praxis klären. Dabei zeigt sich immer deutlicher, daß die Beziehungen zwischen Geist und Welt eine eigene Realität besitzen, die heute mehr denn je in der Gewalt der sozialen Strukturen hervortritt. Wer erkennen will, wie die Wirklichkeiten, in denen wir leben, beschaffen sind, muß die neuen Weisen der Wissensdarstellung ernst nehmen und herausfinden, wo die Grenzen zwischen Traum und Wirklichkeit verlaufen. Dazu bedarf es einiger Phantasie, so daß man den neuen Realismus in der Philosophie in Anlehnung an einen kunstgeschichtlichen Begriff auch als «phantastischen Realismus» bezeichnen könnte. Oder, um es in den Worten von Robert Musil auszudrücken: Der neue Realismus hat «etwas sehr Göttliches in sich, ein Feuer, einen Flug, einen Bauwillen und bewußten Utopismus, der die Wirklichkeit nicht scheut, wohl aber als Aufgabe und Erfindung behandelt» (Der Mann ohne Eigenschaften I, S. 4).

Zweitens: neue Systematik. Sie wendet sich gegen einen modischen Eklektizismus, der den philosophischen Gedanken aus beliebigen Versatzstücken nach dem Prinzip der freien Assoziation zusammenwebt. Das verstößt gegen die Kohärenz und die Konsequenz, ohne die es keinen Erkenntnisfortschritt geben kann. Mit der neuen Systematik soll keineswegs die traditionelle Systemphilosophie wieder zum Leben erweckt werden, die seit dem Ende der Metaphysik endgültig der Vergangenheit angehört. Es geht vielmehr darum, die auf Letztbegründung aufbauenden und Vollständigkeit beanspruchenden Systeme, die sich selbst Zweck sind, durch Experimentalsysteme zu ersetzen, die der Erweiterung der Wirklichkeit dienen. Deren Struktur ist von der Systemtheorie ausgiebig beschrieben worden. Für die Philosophie heißt das Ausbildung experimenteller Denkformen, die Argumente nach den Kriterien der Strenge und der Kohärenz an möglichen Wirklichkeiten überprüfen. Die neue Systematik operationalisiert demnach den Systemgedanken; sie macht aus Systemen Regeln. In dieser Form wird Philosophie als systematische Kulturwissenschaft die historischen Geisteswissenschaften, deren Selbstverständnis von der Konkurrenz zu den Naturwissenschaften gelebt hat, vermutlich hinter sich lassen.

Drittens: neue Kommunikation. Sie zweifelt an der Macht der Wahrheit, deren Licht von selbst aufscheint. Zu lange sind Wahrheiten verborgen geblieben oder unterdrückt worden, als daß die Philosophen sich auf die Zeit verlassen könnten. Um für die Menschen nicht zu spät zu kommen, bedarf die Wahrheit der Unterstützung durch den Dialog. Allerdings bleibt das philosophische Kommunikationsmodell selbst in seinen modernen sprachpragmatischen Ausrichtungen noch einem Reflexionsbegriff verpflichtet, der vom idealistischen Wahrheitsbegriff nicht freikommt. Es wird meist übersehen, daß das eigentliche Problem der Kommunikation nicht in der Begründung, sondern in der Anerkennung von Normen liegt. Anerkennung aber läßt sich durch Berufung auf die Wahrheit nicht erzwingen. Hier haben wir es mit dem psychologischen Problem der Aufrichtigkeit zu tun, das auch einen logischen Kern besitzt, den Kant als «allgemeine Mitteilbarkeit» bezeichnet hat. Mitteilbarkeit von Bewußtseinszuständen als subjektive Bedingung für die Anerkennung fremder Meinungen erfordert Programme der Umwandlung oder Konvertierung von Zeichensystemen, die nicht mehr mit dem Anspruch auf Letztbegründung auftreten. Für die Idealisten mag dieser Begriff von Kommunikation als «Verlust der Mitte» erscheinen. Aber wenn Wahrheit in Information übergeht und Klärung Begründung ablöst, werden Wissensverarbeitung und Verständigung für die Menschen wahrscheinlich wichtiger werden als der Besitz der reinen Wahrheit.

Im geistigen Leben der Gegenwart heißt neue Kommunikation konkret Interkulturalität. Sie besteht für die philosophische Darstellung in der Fähigkeit, fremde Zeichen in das eigene Zeichensystem zu integrieren. Diese Konsequenz der kulturwissenschaftlichen Wende klingt zwar sehr nach modischer Anpassung, hat aber einen ernstzunehmenden Aspekt. Nicht nur die Geldmärkte, sondern auch die Wissensmärkte stehen vor der Globalisierung. Die europäische Gelehrtenrepublik öffnet allmählich ihre Grenzen, und die Denker müssen mit selbstbewußten Gesprächsteilnehmern aus anderen Kulturkreisen rechnen. Es geht also um weit mehr als um die bloße Kenntnisnahme fremder Sitten und Gebräuche, nämlich darum, eine gemeinsame Ebene der Verständigung in Überlebensfragen zu finden. Das erzwingt den Abschied vom Eurozentrismus des Wissens. Sicherlich haben die Ideen der absoluten Wahrheit und der Letztbegründung ihren Ursprung in der Philosophie Griechenlands, aber es gehört zu den Anmaßungen der europäischen Philosophie, alle geistigen Bewegungen nach diesem Maßstab zu messen. Austausch wird wie in der Ökonomie auch in der Philosophie künftig nur noch als wechselseitiges Geben und Nehmen möglich sein. Interkulturalität heißt somit die Fähigkeit, sich selbst von außen zu sehen, ohne den eigenen Standpunkt aufzugeben.

Die Konsequenzen, die sich aus der kulturphilosophischen Wende für die Philosophie der Zukunft ergeben, stellen den akademischen Betrieb vor Anforderungen, die nicht leicht zu erfüllen sind. Hier gilt es, jahrzehntelange Denkgewohnheiten zu ändern und neue Formen der Forschung und Vermittlung zu entwickeln. Trotz aller Hindernisse besteht durchaus Anlaß zu vorsichtigem Optimismus. Denn gerade in Zeiten des Reformstaus entstehen im verborgenen geistige Energien, die dann unverhofft zutage treten. Daher sollte sich niemand durch das beschädigte Image der akademischen Philosophie von einem Philosophiestudium abhalten lassen. Philosophieren ist und bleibt immer ein Abenteuer, und das abenteuerliche Herz, das für die Philosophie schlägt, wird sich gerade dann auf die Reise begeben, wenn Umwege unvermeidlich sind. Denn Umwege, so könnte man in echt philosophischer Manier sagen, sind nicht immer Holzwege und führen oft sicherer ans Ziel als die ausgetretenen Pfade. Sollte das Buch zur Reise in die Philosophie ermuntert haben, dann hat es sein bescheidenes Ziel erreicht.

Anhang

Zitierte Literatur

Adorno, Th. W., Negative Dialektik, in: Gesammelte Schriften, Bd. 6, Frankfurt/M. 1973.

Aristoteles, Metaphysik, in: Hauptwerke, ausgewählt v. W. Nestle, Leipzig 1934.

Bacon, F., Novum organon, hg. v. W. Krohn, 2 Bände, Hamburg 1990.

Barth, K., Der Christ in der Gesellschaft, in: Klärung und Wirkung, hg. v. W. Feurisch, Berlin 1966.

Böhme, G., Weltweisheit, Lebensform, Wissenschaft – eine Einführung in die Philosophie, Frankfurt/M. 1994.

Camus, A., Der Mythos von Sisyphos, Hamburg 1959.

Diels, H., Die Fragmente der Vorsokratiker, Hamburg 1957.

Dilthey, W., Die Typen der Weltanschauung und ihre Ausbildung in den metaphysischen Systemen (1911), in: Gesammelte Schriften, Bd. VIII, Leipzig/Berlin 1931.

Gadamer, H.-G., Wahrheit und Methode, Tübingen 1960.

Gehlen, A., Der Mensch. Seine Natur und seine Stellung in der Welt, Frankfurt/M./Bonn 1966.

Habermas, J., Protestbewegung und Hochschulreform, Frankfurt/M. 1969.

Habermas, J., Philosophisch-politische Profile, Frankfurt/M. 1971.

Hegel, G. W. F., Vorlesungen über die Philosophie der Religion I, in: Werke, Bd. 16, Frankfurt/M. 1969.

Heidegger, M., Sein und Zeit, Tübingen 1972.

Heine, H., Die Harzreise, in: Werke in fünf Bänden, Bd. 2, Berlin/Weimar 1976.

Humboldt, W. von, Über die innere und äußere Organisation der höheren wissenschaftlichen Anstalten in Berlin, in: Studienausgabe, Bd. 2, Frankfurt/M. 1971.

Husserl, E., Philosophie als strenge Wissenschaft, hg. v. W. Szilasi, Frankfurt/M. 1965.

171

James, W., Der Pragmatismus. Ein neuer Name für alte Denkmethoden, Hamburg 1977.

Kant, I., Prolegomena zu einer jeden künftigen Metaphysik, in: Werke. Akademie-Textausgabe, Bd. IV, Berlin 1968.

Kant, I., Grundlegung zur Metaphysik der Sitten, in: Werke. Akademie-Textausgabe, Bd. IV, Berlin 1968.

Kant, I., Kritik der reinen Vernunft, in: Werke. Akademie-Textausgabe, Bd. III, Berlin 1968.

Kant, I., Träume eines Geistersehers, erläutert durch Träume der Metaphysik, in: Werke. Akademie-Textausgabe, Bd. II, Berlin 1968.

Kant, I., Was heißt: Sich im Denken orientieren?, in: Werke. Akademie-Textausgabe, Bd. VIII, Berlin 1968.

Landmann, M., Philosophische Anthropologie, Berlin/New York 1976.

Mach, E., Erkenntnis und Irrtum. Skizzen zur Psychologie der Forschung, Darmstadt 1968.

Marquard, O., Frage nach der Frage, auf die die Hermeneutik die Antwort ist, in: Text und Applikation, Poetik und Hermeneutik, Bd. IX, hg. v. M. Fuhrmann u. a., München 1981.

Mill, J. St., Über die Freiheit, hg. v. M. Schlenke, Stuttgart 1991.

Mill, J. St., Der Utilitarismus, hg. v. D. Birnbacher Stuttgart 1985.

Nietzsche, F., Vom Nutzen und Nachteil der Historie für das Leben, in: Sämtliche Werke. Kritische Studienausgabe, Bd. 1, Berlin 1980.

Nietzsche, F., Ecce homo. Wie man wird, was man ist, in: Sämtliche Werke. Kritische Studienausgabe, Bd. 6, Wien/New York 1980.

Putnam, H., Repräsentation und Realität, Frankfurt/M. 1991.

Ritschl, A., Die christliche Lehre von der Rechtfertigung und Versöhnung, 3 Bände, Hildesheim/New York 1978.

Schopenhauer, A., Die Welt als Wille und Vorstellung, Bd. I u. II, Frankfurt/M. 1986.

Studienverlauf und Studiengänge

Das Fach Philosophie kann an fast allen deutschen Hochschulen studiert werden. In den meisten Fällen sieht die jeweilige Studienordnung eine Regelstudienzeit von acht Semestern vor, die normalerweise durch ein Prüfungssemester verlängert wird. Grundsätzlich gliedert sich das Philosophiestudium in zwei Phasen, nämlich in Grund- und Hauptstudium (jeweils vier Semester). Nach dem 4. Semester erfolgt in der Regel eine Zwischenprüfung, deren Bestehen als Zulassungsvoraussetzung für das Hauptstudium gilt. Im Laufe des Studiums sind die Studienleistungen durch benotete Scheine zu dokumentieren, wobei die erforderliche Anzahl von den Studienordnungen vorgeschrieben wird (im Durchschnitt etwa vier Pro- und vier Hauptseminarscheine). Am Ende des Studiums steht das Abschlußexamen, dessen Art und Umfang vom gewählten Studiengang abhängt. Hinsichtlich der Abschlüsse wird unterschieden zwischen dem Magister- und dem Lehramtsstudiengang.

Der Magisterstudiengang besteht üblicherweise aus der Kombination eines Hauptfachs mit zwei Nebenfächern. Entsprechend kann auch Philosophie je nach dem Schwerpunkt, den die Studierenden setzen möchten, als Haupt- oder Nebenfach gewählt werden. Die Kombinationsmöglichkeit der Philosophie mit anderen Fächern hängt von den internen Regelungen der einzelnen Universitäten ab. Als Faustregel gilt, daß man Philosophie mit fast allen Fächern der Philosophischen Fakultät kombinieren kann, während sich die Verbindung von Philosophie mit einem naturwissenschaftlichen oder technischen Fach (z. B. Physik oder Informatik) erst allmählich durchsetzt.

Der Lehramtsstudiengang setzt sich aus zwei (gelegentlich auch drei) Hauptfächern zusammen, wobei hinsichtlich der Kombinationsmöglichkeiten regionale Unterschiede zu verzeichnen sind. Ziel dieses Studiengangs ist das 1. Staatsexamen, das zur Aufnahme des Vorbereitungsdienstes für das Lehramt an Schulen (Grundschulen, Mittelschulen, Gymnasien oder berufsbildende Schulen) berechtigt. Das Lehramtsstudium wird an manchen Hochschulen auch unter der Bezeichnung ‹Ethik› durchgeführt, wobei die Studieninhalte (z. B. Didaktik der Ethik) auf die Erfordernisse des Unterrichtsfachs ausgerichtet sind.

Nach Abschluß des Magister- oder Staatsexamens besteht die Möglichkeit, das Studium mit dem Ziel der Promotion zum Dr. phil. fortzusetzen. Für die Promotion ist die Anfertigung einer Dissertation erforderlich, für die man einen Hochschullehrer als Betreuer (sog. Doktorvater) benötigt. Die Promotion ist die Voraussetzung für eine Hochschullaufbahn, die eine Habilitation erfordert. Ob jemand dazu berufen ist und ob er das Zeug dazu hat, stellt sich erst im Laufe eines längeren Studiums heraus.

Informationsquellen

Wer sich bereits vor Aufnahme seines Studiums ein Bild von den Studienmöglichkeiten verschaffen möchte, kann sich an den gängigen *Studienführern* orientieren. Diese enthalten Informationen über den Aufbau des Philosophiestudiums an den einzelnen Universitäten. Man kann sich das Informationsmaterial auch von den Universitäten selbst zusenden lassen. Dazu wendet man sich entweder an die Zentrale Studienberatung der jeweiligen Universität oder direkt an die Seminare bzw. Institute für Philosophie. Deren Informationen sind am detailliertesten sowie auf dem neuesten Stand.

Über die Veranstaltungen und die wichtigsten inneruniversitären Adressen und Telefonnummern informiert das *Vorlesungsverzeichnis*, das vor Beginn eines jeden Semesters im örtlichen Buchhandel erhältlich ist. Allerdings sind die Angaben (etwa über Veranstaltungstermine und -räume) in den allgemeinen Vorlesungsverzeichnissen zu Semesterbeginn häufig schon überholt. Deshalb geben die einzelnen Fachbereiche unmittelbar zu Semesterbeginn kommentierte Vorlesungsverzeichnisse heraus. Diese enthalten eine kurze inhaltliche Beschreibung der Lehrveranstaltungen mit Literaturangaben. Darin finden sich auch die Sprechzeiten der einzelnen Dozenten, und es wird der Fachstudienberater angegeben, an den sich Studienanfänger wenden können.

Im *Internet* sind die Homepages der Philosophischen Fakultäten eine gute Informationsquelle. Wer die einschlägigen Adressen anwählt (zum Beispiel: http://www.tu-chemnitz.de/philosophie), erhält detaillierte Angaben über die von den Instituten bzw. Seminaren angebotenen Gebiete der Philosophie, über mögliche Studiengänge sowie den Studienverlauf. Auf diesem Weg ist es also leicht möglich, spezielle Auskünfte über seinen zukünftigen Studienort einzuholen. Darüber hinaus finden sich im Internet weitere Informationsmöglichkeiten zu den verschiedensten philosophischen Themen sowie Diskussionsforen. Hier sei insbesondere auf die sogenannten ‹Newsgroups› verwiesen. Das sind virtuelle «Schwarze Bretter», an die jeder seine Nachricht «heften» kann.

Im Internet orientiert man sich in der Regel mit Hilfe von Suchmaschinen. Diese findet man unter Adressen wie http://www.lycos.com (Lycos), http://webcrawler.com (Webcrawler) oder auch http://yahoo.com (Yahoo). Durch Eingabe von geeigneten Stichworten erhält man eine große

Zahl weiterführender Adressen, deren Qualität und Brauchbarkeit allerdings sehr unterschiedlich ausfallen kann.

Literaturhinweise

Wer Philosophie an einer Hochschule studiert oder sich in anderer Form damit beschäftigt, ist auf Literatur angewiesen. In der Philosophie gibt es traditionsreiche Textreihen und Standardwerke, die in keiner Bibliothek fehlen dürfen. Dazu zählen die Klassikerausgaben der *Philosophischen Bibliothek* im Hamburger Meiner Verlag, die anspruchsvollen Monographien der Reihe *Quellen und Studien zur Philosophie* im Berliner de Gruyter Verlag, das von Karlfried Gründer und Joachim Ritter herausgegebene *Historische Wörterbuch der Philosophie* sowie die vierbändige *Enzyklopädie Philosophie und Wissenschaftstheorie*, herausgegeben von Jürgen Mittelstraß. Damit sind noch nicht alle bedeutenden Hilfsmittel genannt, aber doch diejenigen, auf die man als Philosoph auf Dauer nicht verzichten kann. Es steht zu erwarten, daß in Zukunft viele große Werke auch auf CD-ROM erhältlich sind.

Aus dem reichen Angebot philosophischer Literatur enthalten die folgenden Listen eine Auswahl derzeit im Buchhandel erhältlicher, auch für Studierende erschwinglicher Grundlagentexte.

Philosophische Klassikerausgaben

Von den Klassikern sind hier nur diejenigen Texte ausgewählt worden, die einen repräsentativen Querschnitt durch alle Gebiete und Epochen der Philosophie ergeben. Natürlich ist jede Auswahl subjektiv, aber es dürfte kein Zweifel daran bestehen, daß die aufgeführten Texte von allen Denkrichtungen als grundlegend eingestuft werden. Aus meiner eigenen Erfahrung mit philosophischer Forschung und Lehre kann ich sagen: Würde ich auf eine einsame Insel verbannt, wären es folgende Bücher, die ich neben dem Buch der Bücher mitnehmen würde:

Platon: Der Staat, übers. v. A. Horneffer, Stuttgart (Kröner) [10]1982.

    Sämtliche Werke, 4 Bände, hg. v. U. Wolf, Reinbek bei Hamburg (Rowohlt) 1994.

Aristoteles: Metaphysik, übers. v. H. Bonitz, hg. v. U. Wolf, Reinbek bei Hamburg (Rowohlt) 1994.

Die Nikomachische Ethik, übers. v. O. Gigon, hg. v. M. Fuhrmann, München (dtv) 1992.

Epikur: Briefe, Sprüche, Werkfragmente (griech./dt.), übers. und hg. v. H. W. Krautz, Stuttgart (Reclam) 1994.

Augustinus: Bekenntnisse, übers. v. J. Bernhart, Frankfurt/M. (Insel) 1987.

Thomas von Aquin: Über Seiendes und Wesenheit, übers. und hg. v. H. Seidl, Hamburg (Meiner) 1988.

Giordano Bruno: Von den heroischen Leidenschaften, übers. v. C. Bacmeister, hg. v. F. Fellmann, Hamburg (Meiner) 1996.

René Descartes: Meditationen über die Grundlagen der Philosophie, hg. v. L. Gäbe, Hamburg (Meiner) 1993.

Philosophische Schriften in einem Band. Hamburg (Meiner) 1996.

Thomas Hobbes: Leviathan, übers. v. J. P. Mayer, Stuttgart (Reclam) 1995.

Gottfried Wilhelm Leibniz: Monadologie, hg. v. D. Till, Frankfurt/M. (Insel) 1996.

Giambattista Vico: Die neue Wissenschaft von der gemeinschaftlichen Natur der Nationen, ausgewählt v. F. Fellmann, Frankfurt/M. (Klostermann Texte Philosophie) 1981.

David Hume: Eine Untersuchung über den menschlichen Verstand, übers. und hg. v. H. Herring, Stuttgart (Reclam) 1994.

Immanuel Kant: Kritik der reinen Vernunft, Stuttgart (Reclam) 1996.

Werke. Akademie-Textausgabe, 9 Bände, Berlin (de Gruyter) 1968 ff.

Gottfried Wilhelm Friedrich Hegel: Phänomenologie des Geistes, Stuttgart (Reclam) 1996.

Werke in 20 Bänden. Auf der Grundlage der Werke von 1832–1845 neu edierte Ausgabe (Red.: E. Moldenhauer/K. M. Michel), Frankfurt/M. (Suhrkamp) 1986.

Arthur Schopenhauer: Die Welt als Wille und Vorstellung, München (dtv) 1998.

Sämtliche Werke, 5 Bände, hg. v. W. von Löhneysen, Frankfurt/M. (Suhrkamp) 1986.

Auguste Comte: Rede über den Geist des Positivismus, übers. und hg. v. Iring Fetscher, Hamburg (Meiner) 1994.

John Stuart Mill: Der Utilitarismus, übers. und hg. v. D. Birnbacher, Stuttgart (Reclam) 1994.

Karl Marx: Das Kapital. Kritik der politischen Ökonomie, ausgewählt v. B. Kautsky, Stuttgart (Kröner) [6]1969.

Friedrich Nietzsche: Die Geburt der Tragödie oder: Griechentum und Pessimismus, Stuttgart (Reclam) 1993.

Sämtliche Werke in Einzelbänden. Kritische Studienausgabe, 15 Bände, hg. v. G. Colli und M. Montinari, München (dtv) 1988.

Wilhelm Dilthey: Das Wesen der Philosophie, hg. v. M. Riedel, Stuttgart (Reclam) 1984.

William James: Der Pragmatismus, übers. v. W. Jerusalem, hg. v. K. Oehler, Hamburg (Meiner) [2]1994.

Edmund Husserl: Die Idee der Phänomenologie. Fünf Vorlesungen, hg. v. P. Janssen, Hamburg (Meiner) 1986.

Ludwig Wittgenstein: Tractatus logico-philosophicus. Tagebücher 1914–1918. Philosophische Untersuchungen, Frankfurt/M. (Suhrkamp) [10]1995.

Martin Heidegger: Sein und Zeit, Tübingen (Niemeyer) [16]1986.

Jean-Paul Sartre: Das Sein und das Nichts. Versuch einer phänomenologischen Ontologie, übers. v. H. Schöneberg und T. König, hg. v. T. König, Reinbek bei Hamburg (Rowohlt) 1993.

Max Horkheimer/Theodor W. Adorno: Dialektik der Aufklärung. Philosophische Fragmente, Frankfurt/M. (Fischer) 1997.

Karl Raimund Popper: Logik der Forschung, Tübingen (Mohr) [10]1994.

Michel Foucault: Die Ordnung der Dinge. Eine Archäologie der Humanwissenschaften, übers. v. U. Köppen, Frankfurt/M. (Suhrkamp) [13]1995.

Werke der Sekundärliteratur

Wer sich mit einem bestimmten Philosophen beschäftigt oder an einem bestimmten Sachproblem arbeitet, ist auf einschlägige Sekundärliteratur angewiesen. Sie besteht hauptsächlich aus Monographien, denen häufig Dissertationen oder Habilitationsschriften zugrunde liegen. Da die Zahl der Monographien von Jahr zu Jahr wächst, ist eine sinnvolle Auswahl kaum möglich. Daher sei hier auf Werke verwiesen, die zu Monographien führen. Hervorzuheben sind die Einführungsbände im Junius-Verlag und im Campus-Verlag sowie die Reihe *Große Denker* im Beck-Verlag. Die Bände dieser Reihen sind bestimmten Philosophen gewidmet und enthalten weiterführende Literaturangaben. Eine durch Illustrationen aufgelockerte Form der Darstellung bieten die *Bildmonographien* im Rowohlt-Verlag.

In komprimierterer Form mit jeweils einem Beitrag zu einem Philosophen informieren Sammelbände. Hervorzuheben sind hier die von O. Höffe im

Beck-Verlag herausgegebenen *Klassiker der Philosophie* (2 Bände), die siebenbändige Reihe *Grundprobleme der großen Philosophen* bei UTB (hg. v. J. Speck) sowie die werkbezogene Reihe *Klassiker auslegen* im Akademie-Verlag. Nicht nach Personen, sondern nach Sachgebieten sind die bei Rowohlt erschienenen *Grundkurse* für Philosophie und für Ethik aufgebaut. Ferner gibt es zu einzelnen Sachgebieten Textsammlungen, z. B. *Aschendorffs Philosophische Textreihe* (hg. von A. Müller) oder die im UTB-Verlag erschienenen *Philosophischen Arbeitsbücher* (hg. v. W. Oelmüller u. a.).

Philosophiegeschichten

Erfahrungsgemäß sind kurzgefaßte Philosophiegeschichten für Studierende besonders attraktiv. Sie enthalten auf engem Raum die wesentlichen Informationen im Überblick.

E. v. Aster: Geschichte der Philosophie, Stuttgart (Kröner) [17]1980.

R. Bubner (Hg.): Geschichte der Philosophie in Text und Darstellung, 8 Bände, Stuttgart (Reclam) 1984.

F. Fellmann (Hg.): Geschichte der Philosophie im 19. Jahrhundert. Positivismus, Linkshegelianismus, Existenzphilosophie, Neukantianismus, Lebensphilosophie, Reinbek bei Hamburg (Rowohlt) 1996.

C. Helferich: Geschichte der Philosophie. Von den Anfängen bis zur Gegenwart und Östliches Denken, Stuttgart (Metzler) [2]1992.

A. Hügli/P. Lübcke (Hg.): Geschichte der Philosophie im 20. Jahrhundert. Band 1: Phänomenologie, Hermeneutik, Existenzphilosophie und Kritische Theorie. Band 2: Wissenschaftstheorie und Analytische Philosophie, Reinbek bei Hamburg (Rowohlt) [3]1998.

V. Spierling: Kleine Geschichte der Philosophie. 50 Porträts von der Antike bis zur Gegenwart, München/Zürich (Serie Piper) [5]1997.

H.-J. Störig: Kleine Weltgeschichte der Philosophie, Frankfurt/M. (Fischer) 1998.

K. Vorländer, Geschichte der Philosophie mit Quellentexten. Band 1: Altertum. Band 2: Mittelalter und Renaissance. Band 3: Neuzeit bis Kant, Reinbek bei Hamburg (Rowohlt) 1990.

Wörterbücher und Lexika

Hier ist nur eine kleine Auswahl handlicher philosophischer Wörterbücher und Lexika aufgeführt, die sich durch Verläßlichkeit und Aktualität der Darstellung besonders empfehlen:

R. Ferber: Philosophische Grundbegriffe. Eine Einführung, München (Beck) [4]1998.

A. Halder/M. Müller (Hg.): Philosophisches Wörterbuch, Freiburg (Herder) [3]1997.

J. Hoffmeister (Hg.): Wörterbuch der philosophischen Begriffe, hg. v. A. Regenbogen und U. Meyer, Hamburg (Meiner) [3]1997.

A. Hügli/P. Lübcke (Hg.): Philosophielexikon. Personen und Begriffe der abendländischen Philosophie von der Antike bis zur Gegenwart, Reinbek bei Hamburg (Rowohlt) [2]1998.

P. Prechtl/F. P. Burkhard (Hg.): Metzler Philosophie Lexikon, Stuttgart/Weimar (Metzler) 1996.

G. Schischkoff (Hg.): Philosophisches Wörterbuch, Stuttgart (Kröner) [22]1991.

F. Volpi/J. Nida-Rümelin (Hg.): Lexikon der philosophischen Werke, Stuttgart (Kröner) 1988.

Fachzeitschriften

Neben Fachzeitschriften, die sich – wie etwa die *Kant-Studien* – mit einem Philosophen oder – wie etwa *Philosophia Naturalis* – mit einem Sachgebiet beschäftigen, sind von den deutschsprachigen Zeitschriften mit allgemeiner Thematik folgende zu nennen:

Allgemeine Zeitschrift für Philosophie
Archiv für Geschichte der Philosophie
Der blaue Reiter
Deutsche Zeitschrift für Philosophie
Ethik & Unterricht
Logos. Zeitschrift für systematische Philosophie
Neue Hefte für Philosophie
Philosophisches Jahrbuch
Zeitschrift für philosophische Forschung

Es fällt jedoch schwer, eine dieser Fachzeitschriften zum Abonnement zu empfehlen, da sie trotz Preisnachlässen für Studierende sehr teuer sind. Außerdem ist kaum zu übersehen, daß sich die Landschaft der Fachzeitschriften derzeit im Umbruch befindet. Ein Problem ist ihre mangelnde Aktualität, die sich darin äußert, daß Rezensionen häufig mit jahrelanger Verspätung erscheinen. Ein Teil der Fachzeitschriften wird vermutlich nur im Internet überleben.

Wem nur ein schmales Budget zur Verfügung steht, der kann sich auf die *Information Philosophie* beschränken, die neben Sachbeiträgen auch viele Informationen über den akademischen Betrieb sowie philosophischen Klatsch enthält. Zwar sind die Informationen nicht immer ganz aktuell, sie erwecken aber wenigstens den Anschein der Aktualität. Das führt dazu, daß sie auch von denjenigen, die auf die *Information Philosophie* schimpfen, gern gelesen wird.

Für einen Überblick über philosophische Neuerscheinungen ist die *Philosophische Rundschau* geeignet. Es handelt sich um eine Rezensionszeitschrift mit Sammelbesprechungen von hohem Niveau. Rezensionen finden sich darüber hinaus in überregionalen Tages- und Wochenzeitungen. Als weitere nicht zu unterschätzende Informationsquelle sei auf die im Frühjahr und Herbst erscheinenden Ankündigungstexte der philosophischen Fachverlage hingewiesen. Diese bringen in der Regel präzise auf den Punkt, was die Autoren auf vielen Seiten häufig selbst nicht schaffen. Diese Feststellung mag etwas zynisch klingen, soll aber auf ein Problem aufmerksam machen, mit dem die Studierenden der Philosophie und auch anderer Fächer zu kämpfen haben: mit der Frage nämlich, wie man sich angesichts der ständig anschwellenden Flut an Fachliteratur überhaupt noch einen einigermaßen repräsentativen Überblick verschaffen kann. Die traditionellen Bibliographien, die zu bestimmten Autoren und Themengebieten eine schier endlose Zahl von Titeln anführen, bieten dem Anfänger kaum Orientierung. Auch hier wird in Zukunft, wenn überhaupt, die elektronische Datenverarbeitung schnellere und aussagekräftigere Informationen bieten.

rowohlts enzyklopädie

Uwe Flick (Hg.)
Psychologie des Sozialen
Repräsentationen in Wissen und Sprache (536)

James George Frazer
Der Goldene Zweig
Das Geheimnis von Glauben und Sitten der Völker
(kulturen und ideen 483)

Hugo Friedrich
Die Struktur der modernen Lyrik
Von der Mitte des 19. bis zur Mitte
des 20. Jahrhunderts (420)

Gunter Gebauer / Christoph Wulf
Mimesis
Kultur – Kunst – Gesellschaft (497)
Spiel – Ritual – Geste
Mimetisches Handeln in der sozialen Welt (591)

Arnold Gehlen
**Anthropologische und sozialpsychologische
Untersuchungen** (424)

Manfred Geier
Das Sprachspiel der Philosophen
Von Parmenides bis Wittgenstein (500)
Das Glück der Gleichgültigen
Von der stoischen Seelenruhe zur postmodernen Indifferenz (586)

Orientierung Linguistik
Was sie kann, was sie will (602)

Hans-Jürgen Goertz
Umgang mit Geschichte
Eine Einführung in die Geschichtstheorie (555)

Hans-Jürgen Goertz (Hg.)
Geschichte
Ein Grundkurs (576)

Rolf Grimminger / Jurij Murašow / Jörn Stückrath (Hg.)
Literarische Moderne
Europäische Literatur im 19. und 20. Jahrhundert (553)

12/98

rowohlts enzyklopädie